Pieper Franz

Die Lehre von Christi Werk

De Officio Christi

Pieper Franz

Die Lehre von Christi Werk
De Officio Christi

ISBN/EAN: 9783337149697

Printed in Europe, USA, Canada, Australia, Japan

Cover: Foto ©Lupo / pixelio.de

More available books at **www.hansebooks.com**

Die Lehre von Christi Werk.

DE OFFICIO CHRISTI,

(Baier III, 100—188.)

Im Umriß dargeftellt

von

F. Pieper.

St. Louis, Mo.
CONCORDIA PUBLISHING HOUSE.
1898.

Vorbemerkung.

Der dogmatische Unterricht am theologischen Seminar zu St Louis vollzieht sich in der Weise, daß den Studirenden eine Dogmatik im Umriß dictirt wird. Die weitere Ausführung geschieht auf Grund des ausführlichen dogmatischen Materials, das der selig Dr Walther in seiner Ausgabe des Compendium von Baier mit großer Sorgfalt zusammen getragen hat. Es ist nun seit Jahren der Wunsch laut geworden, daß der bisher dictirte Umriß gedruckt werde, damit das mühsame Dictiren wegfallen könne und dem Docenten mehr Zeit für die mündliche Ausführung bleibe. Der Unterzeichnete hat sich entschlossen, dem geäußerten Wunsche nachzukommen und zunächst das Dictat über einige *loci* im Druck erscheinen zu lassen.

Wenn daher das auf den folgenden Blättern Gebotene auch solchen Lesern in die Hände fällt, die nicht Studenten des hiesigen theologischen Seminars sind, so wollen sie sich erinnern, daß hier nicht etwa eine vollständige Dogmatik, sondern nur ein Umriß für dogmatische Vorlesungen geboten werden soll. Die weitere Ausführung liegt in den Citaten der Waltherschen Ausgabe von Baiers Compendium vor, auf welche fortlaufend verwiesen wird. Dies ist bei dem Hin= weis auf die einzelnen Citate wohl zu beachten. Wenn es z. B. heißt: Kromayer III, 102, so ist auf das Citat aus Kromayer verwiesen, welches in der Waltherschen Ausgabe von Baier Bd. III, S. 102 abgedruckt ist. Wer die Citate bei den Autoren selbst nachlesen will, findet die genaue Quellenangabe hinter jedem von Walther angeführten Citat.

An einzelnen Stellen geht der Umriß über das von Walther gebotene Material hinaus. Es geschieht dies in solchen Partien, wo die Bedürfnisse der Gegenwart eine weitere Ausführung wünschenswerth erscheinen ließen. Auch ist in dem Umriß schon möglichst auf die practische Wich= tigkeit der einzelnen Lehren und Theile von Lehren hin= gewiesen.

F. Pieper.

Die Lehre von Christi Werk.

Das Werk Christi im Allgemeinen.

Christus ist eine so wunderbare Person, nämlich Gottmensch, um ein wunderbares Werk zu vollbringen, nämlich um als Mittler zwischen Gott und den Menschen (1 Tim. 2, 5.) die Menschen selig zu machen, Luc. 19, 10.: „Des Menschen Sohn ist kommen, zu suchen und selig zu machen, das verloren ist." So folgt auf die Lehre von Christi Person in natürlicher Ordnung die Lehre vom Amt oder Werk Christi. Alles, was Christus, der menschgewordene Sohn Gottes, zur Seligmachung der Menschen gethan hat und thut, macht Christi Amt (officium Christi) aus.[1]

Zum kurzen Ausdruck kommt das Amt Christi auch schon durch die Namen „JEsus" und „Christus". Die Schrift selbst deutet uns diese Namen, Matth. 1, 21. Joh. 1, 41. 4, 42. Sie sind ein Evangelium in nuce. Vgl. über die Namen „JEsus" und „Christus", sowie über die rechte Auffassung der Salbung, Baier § 1, nota b, III, 101; Kromayer und Gerhard S. 101.

Seit wann war der menschgewordene Sohn Gottes in seinem Erlöseramt? Nicht erst seit der Taufe, durch welche die feierliche Einführung in seine öffentliche Wirksamkeit geschah, sondern von seiner Menschwerdung an, mit welcher ja auch seine Erniedrigung zeitlich zusammenfällt. Christus war ein Christus für uns, nicht erst seit seinem öffentlichen Hervortreten, sondern schon in seiner Empfängniß, Geburt, Beschneidung, Kindesgehorsam 2c. Dies ist bereits bei der Lehre vom Stande der Erniedrigung näher dargelegt worden. Vgl. Baier III, 83—86. Vgl. auch Kro=

---

1) Vgl. Kromayer III, 102 und Quenstedt S. 103.

mayer III, 26: „Christus kam durch alle Stufen des menschlichen Alters, damit er unsere unreine Empfängniß und Geburt von grund= aus heilte." Besonders herrlich redet hierüber Luther in der Kirchen= postille, Predigt am Christtage, St. Louiser Ausg. XI, 124. 127; Predigt in der Christnachtsmesse XI, 2022 ff. Ueber das Heilswerk Christi in seiner Beschneidung vgl. XI, 291 ff. Ueber denselben Punkt, Hauspostille XIII, 1534 f.: „Für seine Person hat er der Beschnei= dung nicht bedurft, ebensowenig er seiner Person halben bedurft hat, daß er seiner Mutter gehorsam war, oder am Kreuze starb. Denn für seine Person hätte er Recht und Fug gehabt, dem Gesetz nicht unterworfen zu sein. Er thut's aber um unsertwillen. Denn wir bedürfen eines solchen Mannes, der ohne Sünde wäre und für uns das Gesetz erfüllete und also den Zorn Gottes stillete, oder müssen unter dem Fluch des Gesetzes bleiben ewiglich. Um dieser Ursache willen hat er sich unter das Gesetz gethan, und mit dem Dienst und Werk uns erworben Freiheit vom Gesetz; wie St. Paulus sagt Gal. 4, 4. 5.: ‚Da die Zeit erfüllet ward, sandte Gott seinen Sohn, geboren von einem Weibe, und unter das Gesetz gethan, auf daß er die, so unter dem Gesetz waren, erlösete, daß wir die Kindschaft empfingen.‘"

Die Ansicht, daß Christus auch Mensch geworden wäre, wenn die Menschen auch nicht gesündigt hätten, haben wir bereits bei der Lehre von Christi Person als eine nutzlose und gefährliche philosophische Speculation erkannt. Baier III, 18. 19. Die Schrift nennt keinen andern Zweck der Menschwerdung des Sohnes Gottes als die Seligmachung der Sünder. 1 Tim. 1, 15.: Christus ist kom= men in die Welt ἁμαρτωλοὺς σῶσαι. Vgl. Luc. 19, 10. Gal. 4, 4. 5. 2c. Darum ist auch kein anderer Zweck zu ersinnen. Der Satz Augustins: „Si homo non periisset, filius hominis non venisset" ist schriftgemäß. Erdichtet man andere Zwecke der Menschwerdung des Sohnes Gottes,[1] so kann dies keine andere Wirkung haben, als die, daß sowohl die Sünde der Menschen, als auch die Gnade Gottes in Christo gering

---

1) Vgl. das Verzeichniß der alten und neuen Lehrer, welche sich in dieser Specu= lation ergangen haben, Baier III, 18. 19.

erscheint. Vgl. hierüber Gerhard, Brochmand, Ambrosius III, 101. 102. — Zu den quaestiones curiosae gehört auch die Frage, warum Gott seinen Sohn erst nach viertausend Jahren und nicht unmittelbar nach dem Fall der Menschen in die Welt gesandt habe. Ganz richtig bemerkt Kromayer in Bezug auf diese und ähnliche Fragen: Wiewohl man Wahrscheinlichkeitsgründe a posteriori dafür angeben kann („Gott wollte sein Volk erst durch das Gesetz drücken, damit es sich desto mehr nach dem verheißenen Messias sehne"), so ist es doch sicherer, zu antworten, daß es Gott also gefallen habe. Vgl. Kromayer S. 102.

Das Werk Christi im Besonderen.

Fragen wir näher, was that und thut Christus, die Menschen selig zu machen, so lassen sich die bezüglichen Schriftaussagen bequem in drei Klassen zusammenordnen. Die Thätigkeit Christi zur Selig= keit der Menschen ist eine lehrende, versöhnende, regierende. Schon im Alten Testament ist Christus als Prophet (5 Mos. 18, 15.), Priester (Pf. 110) und König (Pf. 2, 72.) angekündigt. So erscheint er nun auch in der Fülle der Zeit als der die Menschen lehrt, Luc. 4, 18. Joh. 1, 18. Hebr. 1, 1. Luc. 13, 33. ꝛc., mit Gott versöhnt, Matth. 20, 28. 2 Cor. 5, 18. 19. Röm. 5, 10. ꝛc., und in der Kirche und über alle Creaturen herrscht, Matth. 1, 21. Luc. 1, 31. Joh. 18, 33—36. Eph. 1, 20. ff. 1 Cor. 15, 27. Hiernach unterscheidet man ein drei= faches Amt Christi: das prophetische, hohepriesterliche, königliche (munus Christi triplex: propheticum, sacerdotale, regium). Vgl. Baier § 2, S. 102 f. und Gerhard S. 103. Weil die Schrift Alten und Neuen Testaments so direct und klar Christum als Prophet, Hohen= priester und König beschreibt, so haben die Kirchenlehrer aller Zeiten das dreifache Amt Christi gelehrt,[1] wenn auch nicht in der formellen

---

[1] So schon Eusebius, Kirchengeschichte I, 2: „Diese alle (die Propheten) haben also eine Beziehung auf den wahrhaftigen Christus, den göttlichen und himm= lischen Logos, als welcher allein der Hohepriester der ganzen Welt, allein der König der ganzen Schöpfung und allein der oberste Prophet seines Vaters unter allen Propheten ist." St. Louiser Ausg. (L. Voltening), S. 8.

Anordnung des Lehrstoffes, die innerhalb der lutherischen Kirche seit Gerhard fast allgemein durchgeführt ist. Vgl. Gerhard S. 103. Wenn man früher, so z. B. Hutter, von einem zweifachen Amt Christi redete, dem hohepriesterlichen und königlichen, so liegt darin keine sachliche Differenz. Man rechnete dann zu dem hohepriesterlichen Amt auch das prophetische, weil einem Priester auch das Lehren zukomme, Mal. 2, 7. Quenstedt bemerkt aber von seiner Zeit, daß von den meisten lutherischen Lehrern die Dreitheilung festgehalten werde.[1] Man hat auch hie und da Bedenken geäußert in Bezug auf die Reihenfolge bei der Dreitheilung und daran erinnert, daß das hohe= priesterliche Amt voranstehen sollte, da Christi versöhnende Thätigkeit schon mit der Empfängniß beginnt, während die lehrende erst später eintritt. Da jedoch die Anordnung, nach welcher das prophetische Amt vorangestellt wird, die allgemein gebräuchliche ist, so folgen auch wir derselben. Ueberhaupt ist festzuhalten, daß die Aemter nicht successiv geschieden werden können. So ist Christus, wie wir später noch näher sehen werden, auch schon im Stande der Erniedrigung in seinem königlichen Amt, wie er sich denn ausdrücklich im Stande der Erniedrigung als König bezeichnet. Joh. 18, 37. Christus ist ein geborener König, Jes. 9, 6. 7. Matth. 2, 2. 11. Der Widerspruch gegen die Lehrweise von dem dreifachen Amt Christi, den wir bei den Socinianern, Rationalisten und einigen neueren Theologen finden, hat seinen Grund zumeist in der sachlichen Abweichung von dem, was die Schrift von Christi Person und Werk lehrt.

Daß alle Amtswerke der ganzen gottmenschlichen Person zu= kommen, das heißt, daß Christus dieselben in und nach beiden Naturen vollbringt, haben wir bereits beim dritten Genus der Mittheilung der Eigenschaften gesehen. Alle Amtswerke sind gott= menschliche Handlungen (operationes θεανδρικαί). Wer dies leug= net, hebt den ganzen Zweck der Menschwerdung des Sohnes Gottes auf. Baier III, 70—75. Quenstedt S. 103.

---

1) Systema. 1715. II, 304. Unter den Reformirten hat schon Calvin die Dreitheilung, Inst. II, 15.

Das prophetische Amt Christi.

1. Die Ausrichtung des prophetischen Amtes im Stande der Erniedrigung.

Im Stande der Erniedrigung lehrt Christus in eigener Per=
son (αὐτοπροσώπως) oder unmittelbar. Luc. 4, 21. legt Christus
selbst die Stelle Jes. 61, 1., die den Messias als den großen Gnaden=
propheten ankündigt, von sich aus: „Heute ist die Schrift erfüllt vor
euren Ohren." Apost. 3, 22. legt Petrus die Stelle von dem großen
Propheten (5 Mos. 18, 15—19.) von Christo aus. Zugleich ist in
diesen Stellen und in Stellen wie Joh. 1, 18. Joh. 3, 31—34. Hebr.
1, 1. klar ausgedrückt, daß Christus ein einzigartiger Prophet
war, ein Prophet, wie es keinen vorher gegeben hat und auch nie wie=
der geben wird. (Propheta κατ’ ἐξοχήν, propheta omnibus excellen-
tior.) Worin besteht diese Einzigartigkeit? In Christo ist Gott
im Fleisch erschienen und lehrt Gott in eigener Person
auf Erden, Hebr. 1, 1.: „Nachdem vor Zeiten Gott manchmal und
mancherlei Weise geredet hat zu den Vätern durch die Propheten, hat
er am letzten in diesen Tagen zu uns geredet durch den Sohn."
Christus als Prophet unterscheidet sich daher von allen Propheten in
Bezug auf die Quelle des Wissens, welches er in seinem Propheten=
amte bethätigte. Während alle Propheten aus der Offenbarung,
welche Menschen auf Erden zu Theil wird, nämlich durch Inspira=
tion, lehrten und insofern „von der Erde" (ἐκ τῆς γῆς) redeten, wie
Johannes der Täufer Joh. 3, 31. von sich und allen bloß mensch=
lichen Propheten sagt, lehrte Christus aus dem Rathe der hei=
ligen Dreieinigkeit heraus, „was er gesehen und gehöret
hat" (ὃ ἑώρακε καὶ ἤκουσε), V. 32., nämlich als „der eingeborne
Sohn, der in des Vaters Schooß ist", Joh. 1, 18.[1]) Christus schöpft

---

1) Die Worte: „Der in des Vaters Schooß ist", ὁ ὢν εἰς τὸν κόλπον τοῦ πατρός,
sind natürlich nicht vom erhöhten Christus zu verstehen, wie moderne Kenotiker
meinen, sondern sollen ja gerade für Christi Predigen auf Erden (ἐξηγήσατο) die
ganz einzigartige Wissensquelle angeben. Während der Sohn Gottes auf Erden
lehrte, blieb er doch zugleich εἰς τὸν κόλπον τοῦ πατρός. Daß der Sohn Gottes in
der Menschwerdung die göttliche „Seins= und Wirkungsweise" aufgegeben habe, ist

also in seinen Lehren aus einer Quelle, aus welcher kein Mensch, auch
kein Prophet schöpfen kann; denn — sagt Johannes, zur Beschrei=
bung der Einzigartigkeit des Lehrens Christi — ϑεὸν οὐδεὶς ἑώρακε
πώποτε, Joh. 1, 18. Mit andern Worten: Christus bethätigt in
seinem Lehramt im Stand der Erniedrigung das göttliche Wissen,
welches ihm nach der göttlichen Natur wesentlich und nach der mensch=
lichen Natur mitgetheilter Weise eigen war. Das kommt auch zum
Ausdruck, wenn die Schrift von Christo nach der menschlichen Natur
sagt, daß ihm der Geist gegeben sei „nicht nach dem Maß" (οὐκ
ἐκ μέτρου), Joh. 3, 34., quod idem est, sagt Baier III, 57, ac
sapientiam immensam seu *infinitam* ei secundum humanam naturam, in qua locutus est, esse datam. Man soll daher nicht von einer
Inspiration Christi zum Zweck der Ausrichtung des Lehramtes
reden,[1] noch mit den Socinianern (Antithesis, S. 104) von einer
Entrückung Christi in den Himmel zum Zweck der Belehrung fabeln.
Vgl. A. Osiander, S. 104. Auch das Volk hatte den Eindruck, daß
Christus, ganz anders wie andere Lehrer, lehrte, nämlich in eigener,
göttlicher Gewalt, vgl. Joh. 7, 46. Marc. 1, 22. Matth. 7, 29.
ἦν διδάσκων ὡς ἐξουσίαν ἔχων), Luc. 4, 32. (ἐν ἐξουσίᾳ ἦν ὁ λόγος
αὐτοῦ), vgl. Baier § 3, nota d, S. 106. — Wenn Christus ein Pro=

die Erdichtung der modernen Kenotiker. Die Schrift schreibt dem menschgeworde=
nen Sohne Gottes auch im Stande der Erniedrigung so klar wie möglich sowohl
die göttliche „Seinsweise" (Joh. 10, 38. 14, 10. 10, 30.) als auch die göttliche
„Wirkungsweise" (Joh. 5, 17.) zu.

1) Richtig hier A. H. Strong: Christ found the sources of all knowledge
and power within himself. The word of God did not *come* to him, — he was
himself the Word. Und nach Martensen: The source of Jesus' teaching was
"not inspiration, but incarnation." Jesus was not inspired, — he was the
inspirer. (Systematic Theology, p. 389.) Philippi: „Der Quell seines (Christi)
Prophetenthums war nicht von Außen kommende Inspiration, sondern die ganze
Fülle der Gottheit wohnte in ihm selber leibhaftig, Col. 2, 9. Gottes Allwissen=
heit selber war zur Allwissenheit des Menschen Jesus geworden." Und vorher:
„Wie seine Wunder, so hatte auch sein Lehren und Weissagen seinen Quell und
Ursprung in ihm selber. . . . Darum ist es sein eigenstes Wissen, das, was er von
Anfang beim Vater geschaut hat, welches er uns kund gethan hat. Denn Niemand
hat Gott je gesehen. Der eingeborne Sohn, der in des Vaters Schooß ist, der hat
es uns verkündiget, Joh. 1, 18." (Kirchliche Glaubenslehre IV, 2., S. 19. 18.)

phet wie Moſe genannt wird, 5 Moſ. 18, 15., ſo iſt der Ver=
gleichungspunkt die Vermittlung eines Bundes. Wie Moſe der Mitt=
ler des alten vergänglichen Bundes war, ſo iſt Chriſtus der Mittler
des neuen bleibenden Bundes. Hebr. 12, 18—28. Daß im Uebrigen
Chriſtus größer ſei als Moſe, ſagt ſchon Moſe ſelbſt 5 Moſ. 18 aufs
deutlichſte, denn Moſes verweiſt das Volk von ſich auf den Propheten,
den der HErr ſpäter erwecken wird, V. 16—19.

Was den Inhalt der Lehre betrifft, die Chriſtus in den Tagen
des Fleiſches verkündigte, ſo zeigte er das Heil nicht nur als gegen=
wärtig,[1]) ſondern als in ſeiner Perſon gegenwärtig. Er for=
dert daher Alle auf, durch den Glauben an ihn von ihm das Heil zu
nehmen. Joh. 6, 35.: „Ich bin das Brod des Lebens; wer zu mir
kommt, den wird nicht hungern; und wer an mich glaubet, den wird
nimmermehr dürſten." Joh. 6, 40.: „Das iſt aber der Wille deß, der
mich geſandt hat, daß, wer den Sohn ſiehet und glaubet an ihn, habe
das ewige Leben." Chriſtus predigt ſich ſelbſt, wie nachher die
Apoſtel nur ihn predigen, 1 Cor. 2, 2. Das erregt Murren und
Widerſpruch. Aber Chriſtus bleibt dabei, daß man von ihm das
Leben nehmen müſſe. Joh. 8, 24.: „So ihr nicht glaubet, daß Ich
es ſei, ſo werdet ihr ſterben in euren Sünden." Chriſtus ſchärft auch
ein, daß auf ihn, als den Geber des Lebens, Moſes, Joh. 5, 46., und
die ganze Schrift, Joh. 5, 39., weiſen. In der Verkündigung des
Heils oder des Evangeliums beſteht eigentlich ſeine Predigt,
nach Luc. 4, 18—21. 5 Moſ. 18, 15—19. Joh. 1, 17.; Geſetz lehrt
er „propter evangelium", das heißt, um durch die Verkündigung des
Geſetzes zu ſeinem eigentlichen Amt, der Verkündigung des Evan=
geliums, zu kommen, Matth. 22, 34—46.[2]) Papiſten, Socinia=
ner 2c. machen Chriſtum zu einem neuen Geſetzgeber. Sie be=

---

1) Matth. 4, 17.: ἤγγικε γὰρ ἡ βασιλεία τῶν οὐρανῶν.

2) Meyer freilich meint, Chriſtus habe hier auf die Frage nach dem Geſetz
die nach dem Meſſias folgen laſſen, um die Phariſäer „ihrer eigenen theologiſchen
Rathloſigkeit ... zu zeihen und ſich damit ihrer weiteren Betheiligung zu entledigen".
Die Ausleger aber, welche geiſtlichen Verſtand gehabt haben, ſagen mit Bengel,
Chriſtus habe die Phariſäer vom Geſetz auf das Evangelium führen wollen. Vgl.
Luther XI, 1710.

haupten, Christus habe neue Gebote, und zwar bessere als Moses,
gegeben. Sie thun dies, um unter Christi Namen ihre heidnische
Werklehre an den Mann zu bringen. Sie sagen nämlich, durch
die Befolgung der von Mose gebotenen Werke habe freilich Niemand
gerecht werden können, wohl aber könne dies geschehen durch Befolgung des vollkommenen Gesetzes Christi. Aehnlich zu unserer
Zeit die arminianisch gesinnten Sectenprediger, die den Glauben an
Christum als den Versuch, die Gebote Christi zu halten, beschreiben.
Dagegen ist festzuhalten: Christus lehrte nicht ein neues, sondern
nur das Gesetz Mosis, wie er selbst ausdrücklich, Matth. 22, 34—44.,
erklärt. Auch in der Bergprebigt, Matth. 5—7, argumentirt Christus
nicht gegen Mose, sondern gegen die Verkehrung des mosaischen Gesetzes seitens der Schriftgelehrten. Das Gebot der Liebe des Nächsten, das die Rationalisten rc. im Alten Testament bei Mose vermissen-
ist daselbst klar gelehrt, z. B. 3 Mos. 19, 18., vgl. Matth. 22, 34. ff.,
was auch einigermaßen verständige Israeliten, z. B. der Schrift,
gelehrte, Luc. 10, 27., wußten.[1] Auch die papistischen „evangelischen
Rathschläge" (consilia evangelica) sind keineswegs eine Vervollstän-
digung des Gesetzes Mosis. Was in denselben göttliches Gebot ist, ist
auch schon in Mose enthalten, was nicht in Mose enthalten ist, ist auch
nicht von Christo gelehrt, sondern von den Papisten ersonnen.
Näheres über diesen Punkt bei Kromayer, S. Schmidt, Quenstedt, S. 105. 106.

2. Ausrichtung des prophetischen Amtes im Stand der Erhöhung.

Im Stande der Erhöhung richtet Christus das prophetische Amt
durch Mittelspersonen aus. Auch innerhalb der lutherischen Kirche
hat man Christi prophetisches Amt auf den Stand der Erniedrigung
beschränkt (so Calov[2]) und dann das Lehren, welches jetzt auf Erden
geschieht, unter Christi königliches Amt befaßt. Es ist das nur ein
formeller Unterschied. Befaßt man das Lehren unter das königliche

---

1) Die Alten sagen kurz: Christus quidem fuit legis doctor, sed non
legislator.
2) Baier spricht sich schwankend aus, § 5 und nota b, S. 106 f.

Amt, so wird Christus als ein König vorgestellt, der durch seine Die=
ner oder Gesandten auch lehrt. Doch die lutherischen Lehrer,
welche mit Gerhard und Quenstedt die Lehrweise befolgen, daß
sie Christo auch im Stande der Erhöhung das prophetische Amt zu=
schreiben, haben dafür guten Grund. Es hat Grund in der Schrift,
das Lehren, welches jetzt in der Kirche und durch die Kirche geschieht,
als eine Fortsetzung des Lehrens Christi auf Erden aufzufassen. Joh.
20, 21.: „Gleichwie mich der Vater gesandt hat, so sende ich euch.“
In dem Apostel Paulus redet Christus, wie Paulus nachdrücklich
erinnert 2 Cor. 13, 3.: „Sintemal ihr suchet, daß ihr einmal gewahr
werdet deß, der in mir redet, nämlich Christus.“ [1] Doch es ist neben=
sächlich, ob man das Lehren Christi im Stande der Erhöhung unter
das prophetische oder königliche Amt bringt. Durchaus festzuhalten
ist aber, daß bei allem Lehren, welches nun in der Kirche
und durch dieselbe geschieht, Christus eigentlich der
Lehrende ist. Die Prediger kommen nur als Werkzeuge in Be=
tracht. In der Kirche soll bis an den jüngsten Tag kein Menschen=
wort, sondern lediglich Gottes Wort gelehrt werden. 1 Petr. 4, 11.:
εἴ τις λαλεῖ, ὡς λόγια θεοῦ. Wie hat nun Christus dafür gesorgt, daß
auch nach seiner Erhöhung nur sein Wort auf Erden gelehrt werde?
Er gab sein Wort den Aposteln ein, Joh. 14, 26. 16, 13—15.,
nicht nur für die mündliche Predigt, sondern gerade auch zum Nieder=
schreiben, 2 Thess. 2, 15. So machte er seine Apostel zu unfehl=
baren Lehrern des ganzen Erdkreises. Ferner, er gibt der Kirche
Lehrer und Prediger bis an den jüngsten Tag, Eph. 4, 11.; aber
diese sind in ihrem Lehren an das unfehlbare Wort der Apostel,
also an Christi eigenes Wort, gebunden. Joh. 17, 20. [2] Endlich,
er erfüllt alle seine Christen mit geistlicher Weisheit und Erkenntniß,
daß sie auch einander lehren und ermahnen können, Joh. 7, 38. 39.

---

1) ἐπεὶ δοκιμὴν ζητεῖτε τοῦ ἐν ἐμοὶ λαλοῦντος Χριστοῦ.

2) Wenn Christus hier sagt: „Ich bitte aber nicht allein für sie“ (die Apostel),
„sondern auch für die, so durch ihr“ (der Apostel) „Wort an mich glauben werden“,
so bezeichnet er das unfehlbare apostolische Wort als die Quelle und den Grund des
Glaubens der Kirche bis an den jüngsten Tag. Wenn nun Seelen durch den Dienst
der Prediger zum Glauben kommen, so geschieht dies, weil und insofern diese Pre=
diger das inspirirte Wort der Apostel verkünbigen.

4 Mof. 11, 29.; aber auch diese Belehrung und Ermahnung geschieht nicht mit eigenem, unabhängigem Wort, sondern durch das Wort Christi, „lasset das Wort Christi[1]) unter euch reichlich wohnen in aller Weisheit", Col. 3, 16. So ist Christus durch sein Wort der einzige Lehrer in der Kirche und durch die Kirche bis an den jüngsten Tag. Daher heißt auch das Wort, welches die christliche Gemeinde in ihrem Missionsberuf verkündigt, einfach „das Wort des HErrn". 1 Theff. 1, 8.: „Von euch ist auserschollen das Wort des HErrn" (ἀφ' ὑμῶν γάρ ἐξήχηται ὁ λόγος τοῦ κυρίου). Alles Lehren, das nicht lediglich Verkündigung des Wortes Christi ist, ist Irrlehre, Pseudoprophetenthum, und in der christlichen Kirche schlechthin verboten.[2])

2) ὁ λόγος τοῦ Χριστοῦ, the word of Christ, "the word spoken and proclaimed by him." (Boise.)

1) Gewaltig redet über diesen Punkt Luther: „Will Jemand predigen, so schweige er seiner Worte, und lasse sie in weltlichem und Hausregiment gelten; allhier in der Kirche soll er nichts reden, denn dieses reichen Hauswirths Wort; sonst ist es nicht die wahre Kirche. Darum soll es heißen: Gott redet. Muß es doch also gehen auf dieser Welt. So ein Fürst will regieren, so muß seine Stimme in seinem Lande und Hause klingen. So nun das in diesem elenden Leben geschieht, viel mehr sollen wir Gottes Wort klingen lassen in der Kirche und im ewigen Leben. ... Und ob man gleich auch viel Geschwätzes macht außerhalb Gottes Wort: noch ist die Kirche in dem Plaudern nicht, und sollen sie toll werden; sie schreien nur ‚Kirche, Kirche‘, man soll den Papst und die Bischöfe hören.... Ein Christ soll nichts hören denn Gottes Wort. Sonst, im weltlichen Regiment, hört er ein anderes, wie man die Bösen strafen und die Frommen schützen soll, und von der Haushaltung. Aber allhier in der christlichen Kirche soll es also sein ein Haus, da allein Gottes Wort schalle. Laß sie sich toll derwegen ‚Kirche, Kirche‘ schreien, ohne Gottes Wort ist es nichts." (XII, 1413 f.) Was Luther hier gegen die Papisten sagt, gilt natürlich auch gegen alle moderne Schwärmerei und gegen die „Wissenschaft", die die Herrschaft in der Kirche beansprucht. Hierher gehört auch Luthers bekanntes Wort, daß ein Prediger, wenn er ein rechter Prediger ist, nicht Vergebung der Sünden suchen soll für seine Predigt. Jeder Prediger muß nämlich sagen können: „Ich bin ein Apostel und Prophet JEsu Christi gewesen in dieser Predigt. Hier ist nicht noth, ja, nicht gut, Vergebung der Sünden zu bitten, als wäre es unrecht gelehret; das ist Gottes Wort und nicht mein Wort, das mir Gott nicht vergeben soll noch kann, sondern bestätigen, loben, krönen und sagen: Du hast recht gelehret, denn ich hab durch dich geredet, und das Wort ist mein. Wer solches nicht rühmen kann von seiner Predigt, der lasse das Predigen nur anstehen; denn er leugnet gewißlich und lästert Gott." (Walch XVII, 1685.) Richtig auch Strong: "All modern prophecy that is true, is but the republication of Christ's message — the

Die Wahrheit, daß Christus der eigentliche Lehrer in der Kirche ist, ist von der größten praktischen Wichtigkeit. Es liegt darin, wie bereits angedeutet, die gewaltige Mahnung, daß Menschen sich nicht unterfangen sollen, ihr eigenes Wort in der Kirche zu lehren; denn das ist ein Eingriff in das prophetische, resp. königliche Amt Christi, der allein sein Wort in der Kirche verkündigt haben will. Alle Irrlehre ist ein Majestätsverbrechen. Nicht nur die Papisten (vgl. Gerhard, S. 106), sondern alle, die „ohne und wider Gottes Wort" in der Kirche lehren, sind in Rebellion wider Christum begriffen. Alle Irrlehrer heißen daher, 1 Joh. 2, 18., ἀντίχριστοι. Dies ist gegen die moderne Geringschätzung der Irrlehre wohl festzuhalten. Sodann liegt in der Wahrheit, daß Christus der eigentliche Lehrer in der Kirche ist, für alle Hörer und Leser des Worts Gottes der große Trost, daß in diesem Wort, welches durch menschliche Werkzeuge an sie herankommt, Christus selbst mit ihnen handle, sowie die Mahnung, das durch Menschen an sie herankommende Wort Gottes nicht zu verachten, sondern mit aller Ehrerbietung aufzunehmen, denn: „Wer euch höret, der höret mich, und wer euch verachtet, der verachtet mich", Luc. 10, 16.[1])

---

proclamation and expounding of truth already revealed in Scripture." (l. c., p. 389.) Philippi: „Wo von Montanus bis auf Irving in der christlichen Kirche ein neues Prophetenthum sich hat geltend machen wollen, da hat es sich stets als ein falsches erwiesen. . . . Es gibt nur noch Lehrer und Verkündiger des Wortes Gottes, durch welche der HErr sein ein für alle Mal vollendetes Prophetenthum erhält, welche fortgehende Erhaltung des prophetischen Wortes und seiner erleuchtenden Geisteswirkung freilich wiederum ebensosehr als Fortsetzung des prophetischen Amtes JEsu Christi bezeichnet werden kann, als man die conservatio mundi wohl auch creatio continua genannt hat." (l. c., S. 22.)

1) Luther klagt, „daß die menschliche Natur so gar verkehrt und verderbt ist, daß wir, leider! nicht glauben, daß wir Gottes Wort hören, wenn er etwa durch einen Menschen mit uns redet. Denn wir bewegen das Wort nach der Größe und Ansehen deß, der da redet: den Menschen, der da redet, hören wir als einen bloßen Menschen, und denken, es sei das Wort eines Menschen. Und darum verachten wir es auch und werden dessen überdrüssig, so wir doch Gott dafür danken sollten, daß er sein göttlich Wort dem Menschen oder Diener in den Mund legt, welcher uns allenthalben gleich ist, der mit uns reden, und mit dem Wort trösten und aufrichten kann. . . . Nun ist es aber nicht des Pfarrherrn, noch St. Petri, noch auch eines andern Dieners Wort, sondern der göttlichen Majestät selbst". (II, 905.)

Schließlich ist noch darauf hinzuweisen, daß der Sohn Gottes auch schon vor seiner Menschwerdung, im Alten Testament, die Person der heiligen Dreieinigkeit ist, welche zu den Menschen redete und den Verkehr mit denselben vermittelte. Die Schrift bezeugt, a. daß die Propheten durch den Geist Christi geredet haben, 1 Petr. 1, 11., b. daß es der Sohn Gottes war, der mit den Menschen verkehrte, Jes. 6, vgl. Joh. 12, 41., mit Israel in der Wüste handelte, 1 Cor. 10, 4. 2c. Vgl. B. Mentzer, S. 107, Luther II, 800. Ferner, die ausführliche Darlegung im Bericht des Mittleren Districts der Synode von Missouri, Ohio u. a. Staaten, 1883, insonderheit S. 59 ff. 1)

---

1) Hier ist die Thesis aufgestellt: „Unser HErr JEsus Christus ist diejenige Person der heiligen Dreieinigkeit, welche im Alten Bunde zunächst sich offenbart." In der Ausführung heißt es: „Wenn man die Bibel (Alten Testaments) aufschlägt und liest: Gott redete, Gott that dies, und fragt: Welche Person ist damit gemeint? so lautet die Antwort: Zunächst Gott der Sohn. Damit soll nicht gesagt sein, daß nicht auch der Vater und der Heilige Geist im Alten Testament offenbart seien. Die These soll nur sagen, daß die im Alten Testament zunächst und hauptsächlich hervortretende, handelnd und redend auftretende göttliche Person der in erster Linie sich offenbarende Jehova, unser HErr JEsus Christus sei. Nicht allein hat sich Christus durch besondere Erscheinungen im Alten Testament offenbart, sondern er ist überhaupt der Gott des Alten Testaments, es sei denn, daß aus dem Zusammenhang hervorgeht, daß es nothwendig der Vater oder der Heilige Geist sei." Luther sagt: „Es wird uns fast an allen Orten im Alten Testament unter dem Namen Gottes Christus geoffenbart." (II, 853.) Hengstenberg: „Durch das ganze Alte Testament zieht sich die Lehre von dem Engel des HErrn, dessen Vermittlung überall" (?), „wo Gott zu den Sterblichen in Beziehung tritt, hinzuzudenken ist, auch wo ihrer nicht ausdrücklich gedacht wird. ... Bei den beiden ersten unter den angeführten Stellen (1 Mos. 16, 13. 32, 31.) können wir speciell nachweisen, daß Gott durch Vermittlung seines Engels geschaut wurde. 1 Mos. 16, 7. geht voran: ‚und es fand sie der Engel des HErrn‘. Und nach Hos. 12. war es der Engel des HErrn, mit dem Jakob in Pniel verkehrte. Uebrigens hat der ‚unsichtbare Gott‘ 1 Tim. 1, 17. nicht etwa eine doppelte Vermittlung, unter dem Alten Bunde den Engel des HErrn, unter dem Neuen Bunde den eingebornen Sohn, ... sondern in dem Engel des HErrn stellt sich der Logos selbst dar im Vorspiele seiner Menschwerdung. Von dieser Anschauung geht das Alte Testament selbst aus, indem es bei Sacharja und Maleachi ankündigt, daß in dem Messias der Engel des HErrn unter seinem Volke erscheinen werde. Und dieser Anschauung folgt Johannes, indem er Joh. 1, 11. sagt, der Messias sei in sein Eigenthum gekommen, in Cap. 12, 41., Jesaias habe Christum gesehen." (Commentar zum Johannisev. I, 61 f.)

Das hohepriesterliche Amt Christi.

Die Gnade, welche Christus als Prophet verkündigt, hat er als Priester erworben. Dieser enge Zusammenhang zwischen dem prophetischen und hohepriesterlichen Amt ist von vorneherein im Auge zu behalten. Das hohepriesterliche Amt gibt den Inhalt für das prophetische. Hat Christus in seinem hohepriesterlichen Amt nur eine Quasi=Versöhnung der Menschen mit Gott bewirkt, so hat das pro= phetische Amt auch nur eine Quasi=Versöhnung zu verkündigen. Hat dagegen Christus eine wirkliche, vollkommene, eine objective Ver= söhnung aller Menschen mit Gott durch sein stellvertretendes Leben und Leiden zuwege gebracht, so ist nunmehr das Evangelium für alle Menschen eine Gnadenbotschaft, die sie durch den Glauben nur anzunehmen haben, um ihrerseits in den Besitz der von Christo erworbenen Gnade zu kommen. Man sagt wohl, daß z. B. die Soci= nianer, Rationalisten 2c. durch ihre Leugnung der stellvertretenden Genugthuung Christi nur das prophetische Amt Christi stehen lassen. Aber es ist das nicht ganz genau geredet. Mit der Leugnung des hohepriesterlichen Amtes fällt auch das prophetische Amt im biblischen Sinne dahin. Christus ist dann in seinem prophetischen Amt nicht mehr der Gnadenspender für eine unter dem Fluch des Gesetzes liegende Sünderwelt, sondern nur noch ein Moralprediger, der die Menschen lehrt und reizt, sich durch eigene Tugendbestrebungen die Seligkeit zu erwerben. So viel kommt auf die richtige Auffassung des hohepriesterlichen Werkes Christi an!

Worin besteht nun das hohepriesterliche Werk Christi?

Das hohepriesterliche Amt Christi im Stande der Erniedrigung.

Christus, den die Schrift Alten und Neuen Testaments ausdrück= lich „Priester" nennt,[1] hat im Stande der Erniedrigung die ganze Menschheit mit Gott versöhnt. 2 Cor. 5, 19.: „Gott war in Christo und versöhnte die Welt mit ihm selber." — Die Schrift berichtet aber

---

1) Vgl. Pf. 110, 4.: כֹּהֵן לְעוֹלָם; Sach. 6, 13.: כֹהֵן עַל־כִּסְאוֹ und demgemäß im Neuen Testament ἱερεύς, ἀρχιερεύς, ἱερεὺς μέγας 2c., vgl. die Stellen bei Baier, § 6, nota a, S. 107.

2

nicht nur die Thatsache der Versöhnung, sondern beschreibt vor allen
Dingen auch die Art und Weise der Versöhnung (modus recon-
ciliationis) oder das Mittel, wodurch die Versöhnung bewirkt ist
(medium reconciliationis). Christus hat dadurch die Menschen mit
Gott versöhnt, daß er sich selbst Gott als Sühnopfer dargebracht
hat: Joh. 17, 19.: „Ich heilige mich selbst für sie"; 1 Tim. 2, 6.:
„Der sich selbst gegeben hat für Alle zur Erlösung"; 1 Joh. 2, 2.:
„Derselbige ist die Versöhnung (ἱλασμός) für unsere Sünde;
nicht allein aber für die unsere, sondern auch für der ganzen Welt."
Darin besteht der Unterschied des vorbildlichen priesterlichen Werkes
im Alten Testament und des einzigartigen priesterlichen Werkes Christi
im Neuen Testament: in Veteris Testamenti sacrificiis offerebantur
victimae *a sacerdotibus distinctae*, Christus *semet ipsum* sacri-
ficavit, Baier, § 8, S. 109. Im Neuen Testament ist Christus Priester
und Opfer zugleich, Hebr. 7, 27. Diese Selbstopferung Christi
umfaßt aber nach der Schrift ein Doppeltes: Christus hat sich selbst
für uns gegeben in seinem heiligen Leben (obedientia activa),
Hebr. 9, 14.: „Der sich selbst ohne allen Wandel ... Gotte ge-
opfert hat (ἑαυτὸν προσήνεγκεν ἄμωμον τῷ θεῷ);[1] Hebr. 7, 26. 2c.,
und in seinem Leiden und Sterben (obedientia passiva), Eph.
5, 2.: Christus hat „sich selbst dargegeben für uns zur Gabe und
Opfer" (θυσία, Schlachtopfer). — Durch dieses von Christo auf
Erden vollbrachte hohepriesterliche Werk ist nun Gott ein für alle Mal
mit den Menschen versöhnt, das heißt, ist den Menschen die Gnade
Gottes zugewendet worden, Hebr. 9, 12.: διὰ τοῦ ἰδίου αἵματος εἰσῆλθεν
ἐφάπαξ εἰς τὰ ἅγια, αἰωνίαν λύτρωσιν εὑράμενος. Das lehrt die
Schrift von der Thatsache und den Mitteln der Versöhnung der Welt
durch die Selbstopferung Christi. Das Einzelne wird später genauer
dargelegt werden.

Hierzu ist aber sogleich Folgendes hinzuzunehmen: Sind die Menschen durch das von Christo dargebrachte Opfer mit Gott versöhnt;
oder, was dasselbe ist, ist die Sündenschuld der Menschen vor

---

1) Man muß sich den Begriff „Sündlosigkeit" nicht verflachen lassen. Sündlosigkeit ist Gehorsam gegen das göttliche Gesetz.

Gott getilgt, so sind die Menschen durch dieses Opfer auch von all den schrecklichen Folgen der Sündenschuld, vom Tode, von der Gewalt des Teufels, von der Herrschaft der Sünde 2c. erlöst. Diese Wirkung der durch Christum ausgerichteten Versöhnung beschreibt die Schrift allseitig und sehr ausführlich. Die Gewalt des Todes ist durch Christum abgethan, 2 Tim. 1, 10.: Christus „hat dem Tode die Macht genommen und Leben und unvergängliches Wesen aus Licht gebracht"; Ps. 68, 21. Hos. 13, 14. 1 Cor. 15, 55—57. 2c. Die Gewalt des Teufels, die dieser aus Gottes Verhängniß über die Menschen hatte, ist zerstört, Hebr. 2, 14.: „Nachdem nun die Kinder Fleisch und Blut haben, ist er's gleichermaßen theilhaftig worden, auf daß er durch den Tod die Gewalt nähme dem, der des Todes Gewalt hatte, das ist, dem Teufel"; Joh. 12, 31. 14, 30. 16, 11. Col. 2, 15. 2c. Von der Herrschaft der Sünde sind die Menschen durch Christi Sühnopfer erlöst, Tit. 2, 14.: „Der sich selbst für uns gegeben hat, auf daß er uns erlösete von aller Ungerechtigkeit (ἀπὸ πάσης ἀνομίας), und reinigte ihm selbst ein Volk, das da fleißig wäre zu guten Werken"; 1 Petr. 2, 24. 1 Petr. 1, 18. 19. Röm. 7, 1—6. 2c. Alles dies ist fleißig auf Grund der Schrift einzuschärfen, damit erkannt werde, daß wir durch Christum von allem Uebel erlöst sind, aber so, daß die Tilgung der Sündenschuld durch Christi ein Mal dargebrachtes Opfer immer im Vordergrund bleibt und als die Ursache und Quelle der Erlösung vom Tode, vom Teufel, von der Herrschaft der Sünde 2c. gelehrt wird. Weil unsere Sündenschuld vor Gott getilgt ist, darum sind wir auch vom Tode 2c. erlöst.[1])

Ein kirchlicher Ausdruck für die hohepriesterliche Thätigkeit Christi im Stande der Erniedrigung ist „stellvertretende Genug-

---

1) Ganz richtig sagt Th. Harnack gegen von Hofmann: „Das Heil hat seinen Mittel= und Schwerpunkt nicht in der Aufhebung des Todes, sondern in der Aufhebung des göttlichen Strafurtheils und menschlichen Schuldzustandes, welche die Ursache und die Macht, das eigentliche Tödtliche des Todes sind. Darum geht, wie auch unser Bekenntniß in Uebereinstimmung mit der Schrift lehrt, die Aufhebung des Schuldzustandes der Aufhebung der Todesherrschaft sachlich vorauf." (Das Bekenntniß der luth. Kirche von der Versöhnung 2c. Von Dr. G. Thomasius, mit einem Nachwort von Dr. Th. Harnack. Erl. 1857. S. 138 f.)

thuung", satisfactio vicaria. Der Sinn dieses Ausdrucks ist der, daß Christus dem über die Sünden der Menschen erzürnten Gott stell= vertretend (an Stelle der Menschen) das geleistet hat, wodurch Gottes Zorn über die Menschen in Gnade gegen die Menschen verwandelt ist. Der Ausdruck ist nicht in der Schrift enthalten. Aber die mit dem= selben bezeichnete Sache ist nichts anderes als die Lehre der Schrift von der Erlösung, die durch Christum geschehen ist. Dieser kirchliche Ausdruck kann mit dem ὁμοούσιος auf gleiche Linie gestellt werden. Wie in dem ὁμοούσιος die Lehre der Schrift von der wahren Gottheit des Sohnes Gottes zum kurzen Ausdruck kommt, so haben wir in dem Ausdruck „stellvertretende Genugthuung" der Irrlehre gegenüber ein Summarium dessen, was die Schrift von der Erlösung durch Christum lehrt. Vgl. Baier § 9, nota b, S. 111.

Durch den Ausdruck „satisfactio vicaria" kommen die folgenden klar und unzweideutig in der Schrift geoffenbarten Wahrheiten zum Ausdruck: I. Es gibt in Gott eine unwandelbare Gerechtig= keit, nach welcher er von den Menschen eine vollkommene Erfüllung seines Gesetzes fordert, und den Uebertretern seines Gesetzes so ernst= lich zürnt, daß er dieselben ewig verdammen will (justitia Dei vin- dicativa). Jenes kommt zum Ausdruck z. B. Matth. 22, 39. 40.: „Du sollst lieben Gott, deinen HErrn, von ganzem Herzen. . . . Du sollst deinen Nächsten lieben als dich selbst", dieses Gal. 3, 10.: „Ver= flucht sei Jedermann, der nicht bleibt in alle dem, das geschrieben stehet im Buche des Gesetzes, daß er's thue." Röm. 1, 18. Die Folge hiervon ist, daß alle Menschen, weil sie der Forderung des Gesetzes Gottes nicht entsprechen, Röm. 3, 9—18., noch auch ent= sprechen können, Röm. 8, 7., thatsächlich unter dem Zorn Gottes und dem Fluch des Gesetzes liegen. Röm. 3, 23.: „Sie sind allzumal Sünder und mangeln des Ruhmes, den sie an Gott haben sollten." Röm. 3, 19.: „alle Welt Gott schuldig (ὑπόδικος)"; Röm. 5, 10.: die Menschen ἐχϑροί, das heißt, von Gott gehaßt, seinem Zorn unterworfen;[1] Eph. 2, 3.: „Kinder des Zorns von Natur (τέκνα φύσει ὀργῆς)." II. Christus hat

---

[1] So richtig Meyer und Philippi.

in williger Ausführung des göttlichen Erlösungsrathschlusses an Stelle der Menschen das göttliche den Menschen gegebene Gesetz erfüllt und an Stelle der Menschen die Strafe für die ihm zugerechnete Uebertretung des Gesetzes an sich vollziehen lassen. Die Erfüllung des den Menschen gegebenen Gesetzes an Stelle der Menschen, bezeugt Gal. 4, 4. 5.: „Gott sandte seinen Sohn, geboren von einem Weibe, und unter das Gesetz gethan, auf daß er die, so unter dem Gesetz waren, erlösete." Matth. 5, 17.; 3, 15. Die Uebertragung der Sündenschuld der Menschen auf Christum lehrt Jes. 53, 6.: „Der HErr warf unser aller Sünde auf ihn." 2 Cor. 5, 21. Ps. 69, 6. Das stellvertretende Strafleiden ist bezeugt 2 Cor. 5, 14.: „Einer ist für alle gestorben." 1 Petr. 3, 18.: „Christus hat einmal für unsere Sünde gelitten, der Gerechte für die Ungerechten." Gal. 3, 13. Christus hat nicht bloß zum Besten, sondern an Stelle der Menschen gelitten.[1] III. Durch Christi Thun und Leiden ist Gott nun mit den Menschen versöhnt, das heißt, Gottes Zorn gegen die Menschen ist nun in Gnade gegen die Menschen verwandelt worden. Röm. 5, 18.: „Durch Eines Gerechtigkeit ist die Rechtfertigung des Lebens über alle Menschen gekommen." Gal. 4, 4. 5. — Röm. 5, 10.: „Wir sind Gott

---

1) Vielmehr ist zu sagen: Deshalb „zum Besten", weil „an Stelle". Daß ἀντί die Bedeutung „an Stelle", „anstatt" habe, sollte man angesichts solcher Stellen wie Matth. 20, 28., 1 Cor. 11, 15. nicht leugnen. Richtig Meyer zu Matth. 20, 28.: „ἀντί bezeichnet die Stellvertretung. Das, was als Lösegeld gegeben wird, tritt an die Stelle (statt) derjenigen ein, welche damit losgekauft werden. Das λύτρον ist ein ἀντίλυτρον (1 Tim. 2, 6.), ἀντάλλαγμα (Matth. 16, 26.)." Auch ὑπέρ hat die Bedeutung loco, anstatt an Stelle wie 2 Cor. 5, 14.: εἰς ὑπὲρ πάντων; 1 Pet. 3, 18.: δίκαιος ὑπὲρ ἀδίκων. Steiger bemerkt zu der letzteren Stelle treffend: „Die scharfe Gegenüberstellung dieser beiden Prädicate läßt Keinen, der Sprachsinn hat, einen Augenblick zweifeln, daß durch ὑπέρ ein Personenwechsel ausgedrückt wird, daß der Sinn des Apostels ist, wir seien die Ungerechten, die durch ihre Sünden Leiden verdient, Christus habe keine verdient und sie doch übernommen, nämlich indem er das litt, was die Sünder hätten leiden sollen, also anstatt ihr und somit zu ihrem Besten." Luthardt sollte daher nicht sagen (Compendium, 9. Aufl., S. 230): „Die Stellvertretung kommt nicht direct zum Ausdruck, liegt aber der ganzen Anschauung und Darstellung (und dem ὑπέρ) zu Grunde", sondern etwa: „Die Stellvertretung liegt nicht nur der ganzen Anschauung zu Grunde, sondern kommt auch direct zum Ausdruck."

verföhnet durch den Tod feines Sohnes, da wir noch Feinde waren."
2 Cor. 5, 19.: „Gott war in Chrifto, und verföhnete die Welt mit
ihm felber."

Es gibt alfo nach der Schrift eine objective, das heißt, eine
nicht erft von den Menfchen zu bewirkende, fondern durch Chriftum
vor 1900 Jahren bewirkte Verföhnung aller Menfchen mit Gott.
Die Verföhnung ift da, ift vorhanden vor allem Thun der Men=
fchen und abgefehen von demfelben. Sie ift eine vollendete That=
fache, wie die Schöpfung der Welt. Das und nichts anderes lehrt die
Schrift. Röm. 5, 10.: „Wir find Gott verföhnet durch den Tod
feines Sohnes", alfo damals, als Chriftus ftarb, kam unfere Ver=
föhnung mit Gott zu Stande. Wie der Tod Chrifti rückwärts liegt, fo
auch die Bewerkftelligung unferer Verföhnung. 2 Cor. 5, 19.: „Gott
war in Chrifto und verföhnete" (scil. damals, als Chriftus auf Erden
lebte und ftarb) „die Welt mit ihm felber." Das καταλλάσσειν Röm.
5, 10. und 2 Cor. 5, 19. bezeichnet alfo nicht eine Sinnesänderung auf
Seiten der Menfchen, fondern einen Vorgang im Herzen Gottes.
Gott ließ damals, als Chriftus fein Sühnopfer barbrachte, feinen Zorn
gegen die Menfchen fahren. Das wird auch noch ausbrücklich erklärt,
wenn der Apoftel zu den Worten: „Gott war in Chrifto und verföhnete
die Welt mit ihm felber" hinzufügt: μὴ λογιζόμενος αὐτοῖς τὰ παρα-
πτώματα αὐτῶν, indem er ihnen ihre Sünden nicht zu=
rechnete, das heißt, damals fchon in feinem Herzen der ganzen Welt
die Sünde vergab, die ganze Welt rechtfertigte. Denn „die Sünde
nicht zurechnen" ift nach dem Sprachgebrauch der Schrift (Röm. 4,
6—8.) fo viel als „die Sünde vergeben", die Sünder „rechtfertigen".
So ift denn auch weiterhin die Thatfache der Auferweckung Chrifti
von den Todten eine thatfächliche Abfolution oder eine ob=
jective Rechtfertigung der ganzen Sünderwelt, nach Röm. 4, 25.
So klar bezeugt die Schrift die objective, durch Chriftum ein für
alle Mal bewirkte Verföhnung aller Menfchen mit Gott![1] Von hie=

---

1) So richtig auch Meyer in feiner Erklärung zu 2 Cor. 5, 18. 19.: „Die Men=
fchen waren vermöge ihrer ungetilgten Sünde mit Gottes heiligem Zorn behaftet,
ἐχθροὶ θεοῦ. Röm. 5, 10., Deo invisi; aber baburch, daß Gott Chriftum ...

fer objectiven, geschehenen Verſöhnung iſt das Evangelium die Bot=
ſchaft, weshalb es 2 Cor. 5, 19. ὁ λόγος τῆς καταλλαγῆς heißt. Und
daher kommt es nun, daß die Menſchen durch nichts anderes als durch

---

sterben ließ, bewirkte er die Tilgung ihrer Sünden, wodurch alſo Gottes
Zorn aufhörte. Derſelbe Gedanke iſt Röm. 5, 10. enthalten, nur in paſſiver
Ausdrucksweiſe.... Die Verſöhnung aller Menſchen geſchah objectiv durch Chriſti
Tod." Ausführlich handelt über dieſen Gegenſtand der Bericht des Südlichen
Diſtricts der Synode von Miſſouri ꝛc. 1883, S. 20 ff. Dort heißt es: „Durch das
Werk Chriſti iſt eine vollkommene Verſöhnung Gottes mit den Menſchen bewirkt
worden. Das Werk, welches Chriſtus, als der ‚Mittler‘ (1 Tim. 2, 5.) zwiſchen
Gott und den Menſchen, leiſtete, war Gott wohlgefällig; wie es Eph. 5, 2. von
Chriſto heißt, daß er ‚ſich ſelbſt dargegeben für uns zur Gabe und Opfer Gott zu
einem ſüßen Geruch‘. Wie Gott in Gnaden Chriſtum, der von keiner Sünde
wußte, für die Menſchen zur Sünde machte (2 Cor. 5, 21.), das heißt, Chriſto
die Sünden der Menſchen als ſeine eigenen zurechnete; ſo ſah er auch die von
Chriſto geleiſtete Sühne ſo an, als ob ſie von den Menſchen ſelbſt geleiſtet
wäre. Der Heilige Geiſt ſchreibt durch St. Paulum 2 Cor. 5, 14.: ‚Wir halten, daß,
ſo einer für alle geſtorben, ſo ſind ſie alle geſtorben.‘ Durch Chriſti Leiden und
Sterben ſind die Sünden aller Menſchen ſo vollkommen geſühnt, als ob alle tau=
ſend Millionen Menſchen ſelbſt ewige Höllenſtrafen erlitten hätten. Das Reſultat
iſt nun: Gott iſt mit allen Menſchen und mit jedem einzelnen der=
ſelben vollkommen verſöhnt. Kein Menſch braucht noch etwas zu thun
oder zu leiden, um Gott zu verſöhnen, Gerechtigkeit und Seligkeit zu erlangen.
Das bezeugt die Heilige Schrift denn auch ausdrücklich. 2 Cor. 5, 19. leſen wir:
‚Gott war in Chriſto und verſöhnete die Welt mit ihm ſelber‘, das
heißt, damals, vor 1900 Jahren, als Chriſtus für die Menſchen das
Geſetz erfüllte und die Strafe für die Uebertretung des Ge=
ſetzes von Seiten der Menſchen erduldete, verſöhnte Gott die Menſchen
mit ſich. Wir müſſen hier die einfachen, klaren Worte ins Auge faſſen und auf uns
wirken laſſen. Wir wiſſen ja, was es heißt: mit jemand verſöhnt ſein. Wir
ſagen dann von jemand, daß er mit einem andern ausgeſöhnt ſei, wenn er allen
Zorn, den er früher aus irgend einem Grunde gegen den andern hegte, aus ſeinem
Herzen hat fahren laſſen. So hat auch Gott gegen die Menſchen, denen er ihrer
Sünden wegen zürnte, um Chriſti Werkes willen allen Zorn fahren laſſen. Das iſt
ausgeſprochen in den Worten: ‚Gott verſöhnte die Welt mit ihm ſelber.‘ In
Chriſto ſteht Gott jetzt ſo zu den Menſchen, als ob ſie ihn nie mit
Sünden beleidigt hätten, als ob nie eine Entzweiung zwiſchen
Gott und den Menſchen eingetreten wäre. Hier iſt klar die ſogenannte
objective Rechtfertigung gelehrt; denn iſt Gott durch Chriſtum mit den Menſchen
verſöhnt, hat er nichts mehr gegen ſie, ſo hat er ſie in ſeinem Herzen
losgeſprochen von ihren Sünden, ſo ſieht er ſie als gerecht an um

ben **Glauben** (sola fide) in ben Genuß ber gefchehenen Verföhnung
eintreten können ober ihrerfeits (fubjectiv) mit Gott verföhnt werden.
Noch anders ausgedrückt: Wir werden nun beshalb burch ben **Glauben** mit Gott verföhnt, weil bie Verföhnung burch Chrifti Genugthuung bereits **vorhanden** ift unb im Evangelium **verkünbigt**
unb **bargeboten** wirb. Daher bekennt Paulus im Namen aller
Chriften, baß wir burch Chriftum „nun" — bas heißt, beim Gläubig-
werben unb in ber Rechtfertigung — „bie Verföhnung **empfangen**
haben".[1]

Daß bie **objective** Verföhnung feftgehalten werde, ift von aus-
fchlaggebenber Bebeutung für bie ganze chriftliche Lehre. Was hier
verfehen wird, kann fpäter nicht mehr gut gemacht werden. Wirb
feftgehalten, baß bie Menfchheit burch Chrifti Thun unb Leiben mit
Gott **vollkommen verföhnt** ift, fo bleibt kein Raum mehr für bie
in vielfacher Geftalt aufgetretene Irrlehre, baß bie Menfchen ihre Ver-

---

Chrifti willen. Die um Chrifti Werkes willen **fchon gefchehene** Rechtfertigung
aller Menfchen ift: benn auch noch mit ausbrücklichen Worten bezeugt, wenn ber
Apoftel zu ben Worten: ‚Gott war in Chrifto unb verföhnete bie Welt mit ihm
felber‘, noch hinzufetzt: ‚**unb rechnete ihnen ihre Sünde nicht zu**‘. ‚Die
Sünde nicht zurechnen‘ ift aber gleichbebeutenb mit ‚rechtfertigen‘, wie wir aus Röm.
4, 6—8. fehen: ‚Selig ift ber Menfch, welchem Gott zurechnet bie Gerechtigkeit ohne
Zuthun ber Werke. Selig finb bie, welchen ihre Ungerechtigkeiten vergeben finb,
unb welchen ihre Sünden bebecket finb. Selig ift ber Mann, welchem Gott keine
Sünde zurechnet.‘ So gibt es nach ber Schrift eine Verföhnung Gottes mit ben
Menfchen unb eine Rechtfertigung berfelben **vor bem Glauben**. Wie Chriftus
für uns **geftorben** ift unb ber göttlichen Gerechtigkeit genug gethan hat, ba wir
noch Sünder waren, ja, ehe wir geboren waren, unb Gott Chrifti Werk als für
uns geleiftet **angenommen** hat; fo ift auch Gott, ehe wir noch geboren waren,
mit uns burch Chriftum **verföhnt**, hat Gott uns um Chrifti willen von unfern
Sünden abfolvirt. Darauf weifen auch bie Umftände bes Tobes Chrifti hin.
Chrifti Ruf: ‚Es ift vollbracht!‘; bie Finfterniß bis zur neunten Stunde, ba
Chriftus ftarb (um bie neunte Stunde brach bie Sonne wieber hervor als ein Bild
ber Gnadenfonne, bie uns burch Chrifti Tob wieber aufgegangen ift); bas Zerreißen bes Vorhangs im Tempel (benn burch biefen wunberbaren Vorgang hat
Gott thatfächlich erklärt, baß nun jeber Sünder einen freien Zugang zu ihm hat)."

1) Richtig Philippi zu Röm. 5, 11.: „Die καταλλαγή ift **vorhanden**, wir
empfangen fie burch ben Glauben, fo baß καταλλαγὴν λαμβάνειν = δικαιοῦσϑαι, vgl.
2 Cor. 5, 21.: καταλλάγητε τῷ ϑεῷ.

föhnung mit Gott ganz ober theilweife noch selbst bewirken müßten. Aller rationaliftifchen, papiftifchen und modern=theologifchen Werklehre ift der Boden entzogen.[1]) Die objective durch Chriftum bewirkte Ver= föhnung aller Menfchen mit Gott erzwingt die richtige Auffaffung des Evangeliums und des Glaubens. Das Evangelium kann nun nichts anderes fein, als die Verkündigung und Darbietung der von Chrifto erworbenen Vergebung der Sünden[2]) und der felig= machende Glaube kann nun nichts anderes fein, als die bloße Hin= nahme der von Chrifto erworbenen Vergebung der Sünden.[3]) Die von alten und neuen Irrlehrern verfuchte Umdeutung des feligmachen= den Glaubens in eine menfchliche Leiftung, gutes menfchliches Ver= halten 2c. wird im Lichte der objectiven durch Chriftum bewirkten Verföhnung fofort als Irrlehre erkannt.[4]) Auf der andern Seite:

---

1) So argumentirt Luther gegen die papiftifche Werklehre einfach mit Chrifti vollkommenem Werk. Er fchreibt: „Da ftehet der Artikel, den die Kinder beten: ich glaube an JEfum Chriftum, getreuziget, geftorben 2c. Es ift ja niemand für unfere Sünde geftorben, denn allein JEfus Chriftus, Gottes Sohn. Allein JEfus, Gottes Sohn; noch einmal fage ich, allein JEfus, Gottes Sohn, hat uns von Sün= den erlöfet, das ift gewißlich wahr, und die ganze Schrift; und follten alle Teufel und Welt fich zerreißen und berften, fo ift's ja wahr. Ift er's aber allein, der Sünde wegnimmt, fo können wir's mit unfern Werken nicht fein." (E. A. 25, 76.)

2) Luther zu Luc. 24, 46. 47.: „Zum Andern foll man auch predigen Ver= gebung der Sünden in feinem (Chrifti) Namen; das ift nichts anderes, denn daß man foll das Evangelium predigen, welches aller Welt verkündigt, daß in Chrifto aller Welt Sünde verfchlungen ift, und er darum in den Tod gegangen, daß er die Sünde von uns hinwegnehme, und darum auferftanden, daß er fie freffe und vertilge." (XI, 693.)

3) Luther: „Darum gehört zum Evangelio nicht Werk, denn es ift kein Gefetz, fondern allein Glaube, denn es ift eitel bloßes Zufagen und Anbieten göttlicher Gnade. Wer nun daran glaubt, der empfähet die Gnade 2c." (XI, 84.) Ferner: „Der Glaube hält die Hände und den Sack auf und läßt fich nur Gutes thun. Denn wie Gott, der Geber, durch feine Liebe folches fchenkt, alfo find wir die Nehmer durch den Glauben, welcher nichts thut, denn folches Gefchenk empfähet. Denn es ift nicht unfers Thuns und kann nicht durch unfer Werk verdient werden; es ift fchon da gefchenkt und dar= gegeben; allein, daß du das Maul oder vielmehr das Herz aufthuft, und ftille halteft und läffeft dich füllen, Pf. 81, 11." (XI, 1103 f.)

4) Walther erinnert daran, daß auch der Widerfpruch gegen die Abfo= lution darin feinen Grund habe, daß man nicht die durch Chriftum gefchehene

ist die Schriftlehre von der vollkommenen Versöhnung durch Christi
stellvertretende Genugthuung nicht erkannt oder wieder aufgegeben,
so folgt daraus ganz von selbst die rationalistische, papistische, arminia=
nische, modern=theologische Werklehre. Hat Christus entweder gar
nicht oder doch nur theilweise für die Menschen genuggethan, so bleibt
dem Menschen zu thun übrig, was Christus zu thun unterlassen hat.
Es kommt dann nur noch das Quantum und der äußere Zuschnitt der
Werkgerechtigkeit in Frage. Das Evangelium ist dann nicht ὁ λόγος
τῆς καταλλαγῆς, 2 Cor. 5, 18., ὁ λόγος τῆς χάριτος, Apost. 20, 32. 2c.,
sondern sinkt herab zu einer Anweisung, wie die Menschen selbst
durch mehr oder weniger eigenes Thun sich Gott völlig gnädig stim=
men können. Aus dem Evangelium wird eo ipso Gesetz. Dem ent=
sprechend ist dann auch der Glaube nicht die einfache Annahme der
von Christo bewirkten Versöhnung, sondern die menschliche Leistung,
wodurch der Mensch sich bei Gott in Gunst setzt.

So hat denn die Dogmatik, welche die christliche Lehre in ihrem
in der Heiligen Schrift geoffenbarten Zusammenhange darzulegen hat,
vor allen Dingen die objective, durch Christum gestiftete, vollkom=
mene Versöhnung darzulegen und gegen alle Verkehrung und Ab=
schwächung festzuhalten. Die Lehre verliert sofort ihren christlichen
Character und wird zur heidnischen Werklehre, sobald die voll=
kommene Versöhnung aller Menschen durch Christi stellvertretende Ge=
nugthuung preisgegeben ist. Auch wird die ganze Lehre sofort prac=
tisch unbrauchbar, da kein vom Gesetze Gottes recht getroffenes
Gewissen eher zur Ruhe kommt, als bis es im Glauben sich einzig und
allein auf die durch Christum bewirkte und im Evangelium proclamirte
Versöhnung gründet.

---

vollkommene Erlösung der ganzen Sünderwelt erkennt. Er schreibt (Pastorale
S. 157): „Wer freilich nicht glaubt, daß Christus schon die ganze Welt vollkommen
erlöst habe und daß daher die frohe Botschaft des Evangeliums nichts anderes ist,
als eine, auf jene bereits geschehene Erlösung gegründete, der ganzen Welt zu
bringende Absolution, die, damit sie ihre selige Frucht erlange, nichts als den
Glauben daran oder mit einem Wort Annahme verlangt...: der wird freilich
auch nie von der Kostbarkeit der Privatbeichte und =Absolution sich überzeugen
können."

Die rationaliſtiſchen Einwürfe gegen die durch ſtellver=
tretende Genugthuung Chriſti bewirkte Verſöhnung ſind ſchon bei der
Lehre von der Gnade erörtert worden, als es ſich darum handelte,
die ſeligmachende Gnade als eine Gnade in Chriſto zu beſchreiben.
Vgl. III, S. 12—15. Die folgenden Punkte ſeien hier wiederholt
und weiter ausgeführt.

I. Man hat geſagt, Gott könne kraft ſeiner Machtvollkom=
menheit Sünde vergeben, ohne eine von Chriſto für die Menſchen
geleiſtete Genugthuung. Antwort: Die Verhandlung darüber, was
Gott nach ſeiner Machtvollkommenheit vermöge, iſt unnütz und thöricht,
da Gott in der Schrift erklärt hat, daß er nur auf Grund der von
Chriſto geleiſteten Genugthuung den Sündern die Sünde vergebe, διὰ
τῆς ἀπολυτρώσεως τῆς ἐν Χριστῷ Ἰησοῦ, Röm. 3, 24. Vgl. Luthers
derbe Zurückweiſung der Thorheit derjenigen, welche über Gottes
Können philoſophiren, wiewohl die Schrift klar ſagt, was Gott that=
ſächlich thue und thun wolle, Baier, III, 14. Daß aber ἀπολύτρωσις, Röm. 3, 24. ꝛc., nicht eine Befreiung im Allgemeinen bezeichne (wie
Socinianer und ihre Geſinnungsgenoſſen weiter eingewendet haben),
ſondern eine Loskaufung durch Erlegung eines Löſegeldes,
geht u. A. unwiderſprechlich daraus hervor, daß die Schrift dieſes
Löſegeld ausdrücklich namhaft macht, nämlich Chriſtum ſelbſt,
1 Tim. 2, 6.; Chriſti Leben, Matth. 20, 28.; Chriſti Blut,
1 Petr. 1, 18. ꝛc. Vgl. Baier, § 9, nota b, S. 111. Quenſtedt,
S. 111. 112.[1]

II. Man ſagt, es ſei eine unwürdige Vorſtellung von
Gott, ihn als den ſündigen Menſchen dermaßen zürnend darzu=

---

[1] Meyer zu Röm. 3, 24.: Bei ἀπολύτρωσις iſt der beſondere Begriff Los=
kaufung (Eph. 1, 7. 1 Cor. 6, 20. Gal. 3, 13.) nicht in den allgemeinen Be=
freiung umzuſetzen, denn das λύτρον oder ἀντίλυτρον (Matth. 20, 28. 1 Tim. 2, 6.),
welches Chriſtus leiſtete, . . . war ſein Blut, welches das ſühnende Opferblut war.
. . . Allerdings kann ἀπολύτρωσις den allgemeinen Begriff Befreiung, d. i. im
chriſtlichen Sinne Meſſianiſche Heilsrettung, ausdrücken (Röm. 8, 23.); wo
es aber von der Wirkung des Todes JEſu ſteht, wie hier und Eph. 1, 7. ꝛc., iſt
das ſühnende Opferblut als der Kaufpreis gedacht (gegen Ritſchl), wie aus
Matth. 20, 28. 1 Cor. 6, 20. 7, 23. Gal. 3, 13. ꝛc. erhellt.

stellen, daß er nur durch Christi stellvertretendes Leiden und Sterben habe versöhnt werden können.[1]) Antwort: Was würdige oder unwürdige Vorstellungen von Gott seien, kann der Mensch nur aus Gottes Offenbarung, das heißt, aus der Heiligen Schrift lernen. Nach der Heiligen Schrift aber zürnt Gott nach seiner Gerechtigkeit den sündigen Menschen, Röm. 1, 18.: „Gottes Zorn vom Himmel wird offenbaret über alles gottlose Wesen und Ungerechtigkeit der Menschen"; Gal. 3, 10.: „Verflucht sei jedermann, der nicht bleibet in alle dem, das geschrieben stehet im Buch des Gesetzes, daß er's thue"; Röm. 5, 10. Ps. 5, 6. — Daß Gott mit den Menschen ihrer Sünden wegen zürne, fühlt auch jeder Mensch in seinem Gewissen; alle philosophischen Speculationen über die Unmöglichkeit, Vernunftwidrigkeit ꝛc. des Zornes Gottes können kein Gewissen beruhigen. — Der Zorn Gottes über die Sünde der Menschen tritt auch in der Thatsache des Todes, der über die Menschen kommt, zu Tage, Hebr. 2, 15. Daß aber dieser thatsächlich vorhandene Zorn Gottes über die Sünde der Menschen über Christum ergangen sei, in Christo sich gebrochen habe und durch ihn in Gnade verwandelt sei, lehrt klar Gal. 3, 13.: „Christus hat uns erlöset vom Fluch des Gesetzes, da er ward ein Fluch (κατάρα) für uns." Calov III, 113.

III. Man sagt: In der Thatsache, daß Christus für die Menschen gestorben ist, offenbare sich die Liebe Gottes, Röm. 5, 8.: „Darum preiset Gott (συνίστησι) seine Liebe gegen uns, daß Christus für uns gestorben ist, da wir noch Sünder waren": somit könne von einer Versöhnung des Zornes Gottes durch den Tod Christi nicht die Rede sein. Antwort: Nach der Schrift offenbart sich beides im Tode

---

1) Dieser Einwurf findet sich nicht nur bei den Socinianern, groben Rationalisten, Ritschl ꝛc., sondern auch bei vielen americanischen Sectenpredigern unserer Zeit. Man ist zage geworden, dem zarten Geschlecht unserer Zeit von dem Zorne Gottes über das sündige Menschengeschlecht zu sagen. Selbst im "Lutheran Evangelist" vom 24. December 1897 finden wir die Bemerkung: "Possibly in the pew and in the pulpit are some yet deaf to the love story which enters in the Christmas. Have we ceased to teach and to hear that harsh theology which so *misinterprets* the Christmas as to make the gift, suffering, and death of the only begotten and well beloved Son necessary to appease the wrath of our loving Father?"

Christi: die Liebe und der Zorn Gottes. Das kommt gerade auch an dieser Stelle, Röm. 5, 8—11., zum Ausdruck: ἐχϑροὶ ὄντες (= Deo invisi, unter Gottes Zorn liegend) κατηλλάγημεν τῷ ϑεῷ. Die Liebe bewegt Gott, uns durch den Tod seines Sohnes mit sich selber zu versöhnen, das heißt, seiner Strafgerechtigkeit genugzuthun. Nach der Schrift steht es so: der Liebeswille Gottes schließt die Auseinandersetzung mit der Gerechtigkeit Gottes nicht aus, sondern ein. Calov, S. 115.

IV. Man sagt: es schließe eine offenbare Ungerechtigkeit in sich, wenn man annähme, daß der unschuldige Christus an Stelle der schuldigen Menschen gestraft worden sei. Antwort: Was Gott thut, das ist gerecht. Nun bezeugt aber die Schrift ausdrücklich a. daß Gott die Schuld der Menschen dem unschuldigen Christus zugerechnet habe, Jes. 53, 6. 2 Cor. 5, 21. Joh. 1, 29. Ps. 69, 6. ꝛc. b. daß Gott den unschuldigen Christus an Stelle der schuldigen Menschen thatsächlich habe leiden lassen, 1 Petr. 3, 18.: „Christus hat einmal für unsere Sünden gelitten, der Gerechte für die Ungerechten" (δίκαιος ὑπὲρ ἀδίκων). Gal. 3, 13.: Christus „ward ein Fluch für uns". Somit kann man sich in Bezug auf die Gerechtigkeit des Verfahrens vollkommen beruhigen. Der klar in der Schrift bezeugten Thatsache gegenüber muß alle auf Ungerechtigkeit lautende menschliche Kritik schweigen. Calov III, 114. 115. Uebrigens fehlt es auch auf dem Gebiet der natürlichen Anschauung nicht an Beispielen, wonach ein Mensch mit seinem Thun und Leiden für Andere und ein ganzes Volk eintritt (Kodrus, Decius, Zaleukus ꝛc.). Doch darf man mit solchen Beispielen nicht die Gerechtigkeit des göttlichen Verfahrens in dem Strafleiden Christi der menschlichen Vernunft beweisen wollen. Der einzig durchschlagende Beweis lautet: „Es stehet geschrieben." Die menschliche Vernunft wird, wenn man das stellvertretende Strafleiden Christi ihrer Beurtheilung unterwirft, immer von Neuem Einwände erheben. Dies gilt auch in Bezug auf den Grund, daß Christus ja freiwillig gelitten habe und somit das stellvertretende Strafleiden keine Ungerechtigkeit in sich schließe. Quenstedt, S. 110. Es ist ja wahr: Christus ist nicht gezwungen, sondern freiwillig an der schuldigen Menschen Stelle getreten, Ps. 40, 8.

Joh. 18, 4—11. Aber sofort hat die menschliche Vernunft den Ein=
wurf bereit, daß wir jeden irdischen Richter für ungerecht erklären
würden, der an Stelle eines zum Tode verurtheilten Verbrechers einen
freiwillig sich darbietenden Unschuldigen für schuldig erklären und
mit dem Tode bestrafen wollte. Es ist daher am sichersten, für die Ge=
rechtigkeit des göttlichen Thuns, da Gott durch Christi stellvertretende
Genugthuung die Welt mit sich selber versöhnte, sich einfach auf den
geoffenbarten Willen Gottes zu berufen.[1]

V. Man sagt, Christus habe thatsächlich nicht das erlitten,
was alle Menschen leiden sollten, nämlich ewige Höllenstrafen; somit
falle der Begriff des stellvertretenden Strafleidens hin. Ant=
wort: Die Schrift bezeugt ausdrücklich, daß Christum gerade die
Strafe traf, welche die Menschen ihrer Sünden wegen treffen sollte.
Die Menschen liegen ihrer Sünden wegen unter dem Fluch Gottes,
Gal. 3, 10.: „Verflucht sei Jedermann, der nicht bleibet" 2c. Gerade
dieser Fluch hat Christum getroffen, Gal. 3, 13.: „Christus hat uns
erlöst vom Fluch des Gesetzes, da er ward ein Fluch für uns"
(γενόμενος ὑπὲρ ἡμῶν κατάρα). Der Satz der Alten, daß das zeit=
lich begrenzte Leiden Christi so viel werth sei, als das ewige
Leiden aller Menschen, weil Christi Leiden das Leiden des Sohnes
Gottes war,[2] ist nicht dogmatische Construction, sondern Schrift=
lehre. Geflissentlich hebt die Schrift bei der Beschreibung der Kraft
und des Werthes des Leidens Christi dies hervor, daß es das Leiden
des Sohnes Gottes war, 1 Joh. 1, 7.: „Das Blut JEsu Christi,
seines Sohns, macht uns rein von aller Sünde." Apost. 20, 28.
(Gottes „eigen Blut") 2c. In Christi Leiden liegen also wirklich
„entsprechende Strafen" vor, wenn man nach der Schrift urtheilt.

VI. Man hat gesagt und sagt noch, daß diese ganze Auffassung,
wonach Gott die Menschen durch Christi stellvertretende Genugthuung
mit sich selber versöhnt habe, zu „juridisch", und zu wenig
„ethisch" sei. Antwort: Das läßt sich nicht wohl ändern! Nach der

---

1) Vgl. „Lehre und Wehre" 1883, S. 354—356.
2) Dorscheus: Quod apud homines *aeternum* fuisset, ipsa majestate et
excellentia personae (Christi) *compensatum* est. III, 87.

Schrift sind nun einmal alle hier in Betracht kommenden Factoren „juridisch". Juridisch ist Gottes Gesetz, welches von den Menschen einen vollkommenen Gehorsam forbert. Juridisch ist Gottes Zorn und der Fluch des Gesetzes, welcher über die Uebertreter des Gesetzes ergeht. Juridisch ist die Uebertragung der Sündenschuld der Men=schen auf Christum, Jes. 53, 6. 2 Cor. 5, 21. Juridisch ist der Men=schen Gerechtsprechung durch den Glauben an Christum. Es muß, sollen anders die Menschen die Seligkeit erlangen, schlechterdings alles „juridisch" zugehen, da in den Menschen kein $\eta\vartheta o\varsigma$, das heißt, keine gute Beschaffenheit ist, auf Grund welcher Gott ihnen die Seligkeit zu=wenden könnte, Röm. 3, 9—18. 23. 24. 28. Auch kommt die „Ethik" Gottes hierbei nicht zu kurz, da bei diesem wunderbaren Handel sowohl Gottes Strafgerechtigkeit durch die Bestrafung der Sünde an Christo, als auch Gottes Gnade durch die Rechtfertigung der Sün=der, die an Christum glauben, zur Geltung kommt, Röm. 3, 25. 26. So ist alles in bester Ordnung, wenn man, wie es billig ist, zur Be=urtheilung dieses ganzen Vorgangs den rechten, nämlich den göttlichen, in der Heiligen Schrift geoffenbarten, Maßstab anlegt.[1])

Die Irrlehrer, welche im Laufe der Zeit die stellvertretende Genugthuung durch Christum entweder gänzlich geleugnet, oder doch verstümmelt haben, sind unter Antitheses S. 116. 117 ge=nannt und näher characterisirt.

Gänzlich leugnen die stellvertretende Genugthuung Christi die Irrlehrer aller Zeiten, welche Christum für einen bloßen Menschen halten, die Photinianer der alten Kirche, die Socinianer, die groben Rationalisten 2c. Weil diesen Christus ein bloßer Mensch ist, so leugnen sie consequenterweise auch die stellvertretende Genug=

---

[1]) Ganz richtig sagt Th. Harnack gegen von Hofmann: Wenn ihr (der Versöhnungslehre des lutherischen Bekenntnisses) das zum Vorwurf gereichen sollte, daß sie mit dem Begriffe der Satisfaction einer juristischen Betrachtungsweise der Weltversöhnung Eingang verstattet habe, so fällt dieser Vorwurf, so weit er be=gründet ist, auf die Schrift zurück. ... Die Darstellung unserer Symbole kann darum nur beseitigt werden, nachdem vorher aus der Schrift die Begriffe der Gerechtigkeit und Heiligkeit Gottes, des Gesetzes und des Gewissens, der Schuld, der Strafe und des Gerichtes, des Mittlers, des Lösegeldes, der Zurechnung beseitigt worden sind. (A. a. O., S. 139 f.)

thuung Christi. Dem Leben und Leiden Christi legen sie nur die Be=
deutung bei, daß dadurch die Menschen zu eigenen Tugendbe=
strebungen angeregt werden, auf welche hin ihre Versöhnung mit
Gott erfolgt. — Den Leugnern der stellvertretenden Genugthuung
ist auch Abälard († 1142) zuzuzählen. Nach Abälard ist der
Sohn Gottes nicht in das Fleisch gekommen, um der Gerechtig=
keit Gottes genug zu thun, sondern um durch Lehre und Beispiel
(namentlich auch durch seinen Tod) den Menschen den höchsten Beweis
der göttlichen Liebe zu geben und so in ihnen Gegenliebe zu wecken.
Durch die so geweckte Liebe zu Gott werden die Menschen dann mit
Gott versöhnt und gerecht. Die Lehre, daß Gott durch das Blut des
unschuldigen Christus mit der Welt versöhnt sei, nennt Abälard „grau=
sam und ungerecht".[1] — An Abälards Lehre von einer Offenbarung
der Liebe Gottes durch Christum ohne eine stellvertretende
Genugthuung Christi schließt sich zu unserer Zeit eng an Albrecht
Ritschl († 1889). Ritschl lehrt: In Gott gibt es keinen Zorn über
die Sünde der Menschen. So bedarf es auch keiner stellvertretenden
Genugthuung von Seiten Christi. Christi Thun und Leiden hat den
Zweck, Gottes väterliche Gesinnung den Menschen zu offenbaren und
so den Menschen die Ueberzeugung beizubringen, daß sie sich ihrer
Sünden wegen vor Gott nicht zu fürchten brauchen. Sind die Men=
schen zu dieser Ueberzeugung gelangt, dann ist ihre Versöhnung be=

---

1) Abälard sagt in seiner Auslegung des Römerbriefs: „Nobis videtur quod
in hoc justificati sumus in sanguine Christi et Deo reconciliati, quod per
hanc singularem gratiam nobis exhibitam, quod filius suus nostram susceperit
naturam et in ipsa nos tam verbo quam exemplo instituendo usque ad mortem
perstitit, nobis sibi amplius per amorem astrinxit, ut tanto divinae gratiae
accensi beneficio, nil jam tolerare propter ipsum vera reformidet caritas. . . .
Redemptio itaque nostra est illa summa in nobis per passionem Christi dilectio,
quae nos non solum a servitute peccati liberat sed veram nobis filiorum Dei
libertatem acquirit, ut amore ejus potius quam timore cuncta impleamus, qui
nobis tantam exhibuit gratiam, qua major inveniri, ipso attestante, non
potest." Gegen die stellvertretende Genugthuung sagt er: „Quam crudele at
iniquum videtur, ut sanguinem innocentis in pretium aliquod quis requisierit
aut ullo modo ei placuerit innocentem interfici, nedum Deus tam acceptam
filii sui mortem habuerit, ut per ipsam universo reconciliatus sit mundo?"
(Bei Schmid, Dogmengesch., 4. Aufl., S. 259. 258.)

werkstelligt. Die objective Versöhnung ist hier vollständig in eine subjective umgesetzt. Treffend sagt Böhl zur Characterisirung der Versöhnungslehre Ritschls: „Wir befinden uns an Ritschls Hand in der angenehmen Lage, keinen Zorn Gottes mehr zu kennen."[1] Böhl nennt Ritschl „Socinus redivivus."[2]

In die Klasse derer, welche die stellvertretende Genugthuung Christi verstümmeln, gehören alle diejenigen, welche der Genug= thuung Christi den inneren, unendlichen Werth absprechen, in= dem sie lehren, daß Christi Thun und Leiden nicht an sich (ex interna sua perfectione) ein vollkommenes Lösegeld für die Sünden der Men= schen gewesen, sondern von Gott nur dafür angenommen worden sei (per liberam Dei acceptationem, per gratuitam Dei accepta- tionem). So unter den Scholastikern namentlich die Scotisten. Anselmus († 1109) freilich lehrte in seiner Schrift „Cur Deus homo" mit aller Entschiedenheit, daß Christus, der Gottmensch, durch die Da= hingabe seines Lebens der göttlichen Gerechtigkeit für die Sünde der Menschen, die eine Verletzung der göttlichen Majestät sei und darum eine unendliche Verschuldung in sich schließe, eine völlige Genug= thuung geleistet habe.[3] Duns Scotus († 1308) dagegen lehrte,

---

1) Dogmatik, S. 412.

2) Ritschl characterisirt seine ganze Lehre, wenn er zur Erklärung des Titels seiner Hauptschrift „Christliche Lehre von der Rechtfertigung und Versöhnung" sagt: „Allerdings ist die Reihenfolge der beiden Begriffe ungewöhnlich. Man erwartet sie in der umgekehrten Ordnung: Versöhnung und Rechtfertigung aufgeführt zu sehen, indem man an Versöhnung Gottes durch Christus und demgemäß an Recht= fertigung von Sünden durch ihn denkt. . . . Der Titel Rechtfertigung und Ver= söhnung hat den Sinn, daß die richtige Darstellung der Sache in der Linie gedacht ist, welche die Annahme einer Umstimmung Gottes durch Christus von Zorn zu Gnade ausschließt." (I, 2.) Vgl. die ausführliche Darlegung und Beurtheilung der Lehre Ritschls in „Lehre und Wehre" 1894, S. 218 ff.; 1895, S. 97 ff.

3) Vides igitur quomodo vita haec (nämlich des Gottmenschen) vincat om- nia peccata, si pro illis detur. II, 14. Und unmittelbar vorher: *Anselmus:* Cogita etiam, quia peccata tantum sunt odibilia, quantum sunt mala; et vita ista tantum amabilis est, quantum est bona. Unde sequitur, quia vita ista plus est amabilis quam sint peccata odibilia. *Boso:* Non possum hoc non intelligere. *Anselmus:* Putasne *tantum bonum tam amabile posse sufficere ad*

3

daß Christi Verdienst nur einen endlichen Werth habe und nach der Freiheit des göttlichen Allmachtswillens von Gott für ein unendliches angenommen worden sei.[1] So nicht nur die eigentlichen Scotisten, sondern auch sonst für thomistisch geltende Theologen, wie Durandus. Zu dieser Acceptationstheorie hatte freilich schon Thomas selbst, trotz seiner „satisfactio superabundans" den Grund gelegt, wenn er lehrte, daß Gott, weil er der Allerhöchste sei, auch ohne Genugthuung die Sünde vergeben könne.[2] — Die Acceptationstheorie[3] ist dann später von den Arminianern wieder aufgenommen worden.[4] — Auch Calvin wird durch seine falsche Lehre von der Präbestination auf die Acceptationstheorie zurückgeworfen. Calvin nämlich läßt Christi Verdienst, als das Verdienst eines Menschen, erst durch die Prä= bestination hinreichenden Werth bekommen. Vgl. Antithesis No. 7, S. 117, Calvins Worte bei Gerhard III, 75.[5] — Die Papisten ver=

---

solvendum, quod debetur pro peccatis totius mundi? Boso : Imo plus potest in infinitum. Von der Leugnung der obedientia activa bei Anselm wird später bei der Behandlung der obedientia activa Christi die Rede sein.

1) Duns Scotus sagt sent. III, d. 19: Quantum attinet ad meriti suffi- cientiam, fuit profecto illud *finitum*, quia causa ejus finita fuit, videlicet voluntas naturae assumtae et summa gloria illi collata. Non enim Christus quatenus Deus meruit, sed in quantum *homo.* Proinde si exquiras, quan- tum valuerit Christi meritum *secundum sufficientiam*, valuit procul dubio quantum fuit *a Deo acceptatum.* Siquidem *divina acceptatio* est potissima causa et ratio omnis meriti. (Bei Schmid, a. a. O., 1. Auflage, S. 103.)

2) Vgl. Gerhard III, 13.

3) Von den alten Lehrern gewöhnlich Acceptilationstheorie genannt.

4) Limborch polemisirt so gegen die satisfactio plenaria: Satisfactio Christi dicitur, qua pro nobis poenas omnes luit peccatis nostris debitas, easque perferendo et exhauriendo divinae justitiae satisfecit. *Verum illa sententia nullum habet in Scriptura fundamentum.* Mors Christi vocatur sacrificium pro peccato; atqui sacrificia non sunt solutiones debitorum neque plenariae pro peccatis satisfactiones; sed illis peractis conceditur gratuita peccati remissio (Theol. christ. III, 21, 6). Christi Opfer genügt: primo, respectu *voluntatis divinae,* quae ad generis humani liberationem nihil ultra requisivit, sed in unica hac victima *acquievit* (22, 5).

5) Die Worte lauten Inst. II, 17, § 1 im Zusammenhang: Equidem fateor, si quis simpliciter et per se Christum opponere vellet judicio Dei, non fore merito locum, quia non reperietur in homine (Calvin nestorianisirt hier gerade

stümmeln die stellvertretende Genugthuung Christi auf mannigfache Weise. Sie behaupten, daß die Menschen selbst die zeitliche Strafe für die nach der Taufe begangenen Sünden entweder in diesem Leben oder doch im Fegfeuer abbüßen müßten. Sie leugnen also, daß Christi Verdienst die ganze Schuld der Sünden der Menschen decke. Ferner: Was sie noch von Christi Verdienst stehen lassen, soll den Menschen nur auf Grund ihrer eigenen Besserung und Heiligung zu gute kommen. Dadurch machen sie thatsächlich das ganze Verdienst Christi für den Sünder unbrauchbar. Ferner ist das papistische Meßopfer, in welchem angeblich Leib und Blut Christi auf unblutige Weise Gott immerfort als Opfer dargebracht werden muß, eine Leugnung des einmal dargebrachten vollkommenen Opfers Christi. Die papistische Ausrede, daß das Meßopfer ein Mittel der Aneignung des vollgültigen Opfers Christi sei, gilt nicht, da die Frucht des Opfers Christi durch das Evangelium und die Sacramente ausgetheilt und von den Menschen durch den Glauben in Empfang genommen wird. Zwar reden die Papisten von einem „überschüssigen Verdienst“ Christi (satisfactio superabundans). Aber sie geben dieses „überschüssige Verdienst“ dem Pabst in Verwahrung, der davon unter den von ihm gestellten Bedingungen an die Menschen abgibt. Auch stellen die Papisten dem Verdienste Christi die Ver-

wie Scotus) dignitas, quae possit Deum promereri. ... Quum ergo de Christi merito agitur, non statuitur in eo principium, sed conscendimus ad Dei ordinationem, quae prima causa est, quia mero beneplacito mediatorem statuit, qui nobis salutem acquireret. ... Nam Christus non nisi ex Dei beneplacito quidquam mereri potuit. Sed quia ad hoc destinatus erat, ut iram Dei sacrificio suo placaret suaque obedientia deleret transgressiones nostras, in summa, quando ex sola Dei gratia (quae hunc nobis constituit salutis modum) dependet meritum Christi, non minus apte quam illa humanis omnibus justitiis opponitur. Dagegen ist zu sagen: Zwar hat Gott nicht gezwungen, sondern lediglich aus freiem Erbarmen Christum der Welt zum Heiland gegeben. Daraus aber folgern zu wollen, daß Christi Verdienst nicht an sich genügenden Werth habe, sondern erst durch Gottes Wohlgefallen oder Verordnung Werth bekomme, ist schriftwidrige Speculation. Wenn die Schrift sagt, daß Christi Blut, als das Blut des Sohnes Gottes, uns rein mache von allen Sünden (1 Joh. 1, 7. Apost. 20, 28. 2c.), so schreibt sie dem Blut Christi an sich unendlichen Werth zu.

dienſte der Maria und der Heiligen in der Weiſe zur Seite,
„daß die Heiligen uns befreien von den zeitlichen Strafen der Sün=
den, auch von den Strafen des Fegfeuers“.[1]) So wird die satisfactio
Christi vicaria von den Papiſten auf mannigfache Weiſe geleugnet.
Das Pabſtthum iſt und bleibt die große teufliſche Inſtitution, durch
welche unter äußerlich=chriſtlichem Tand Chriſti ſtellvertretende Genug=
thuung abgethan und verſpottet wird. Vgl. gegen die Papiſten Quen=
ſtedt, Antitheſis No. 6, S. 116. 117; ferner Quenſtedt, S. 116,
zweites Citat.

In America hat auch Hugo Grotius’ Theorie Verbreitung ge=
funden. Nach Grotius († 1645) hat Gott den unſchuldigen Chri=
ſtus an Stelle der ſchuldigen Menſchen geſtraft, nicht um ſeiner
Heiligkeit genugzuthun, ſondern um an Chriſto ein Strafexem=
pel zu ſtatuiren, ſo die Autorität des Geſetzes vor den Menſchen auf=
recht zu erhalten und die Menſchen von der Sünde abzuſchrecken.[2])
Dieſe Theorie iſt hier unter dem Namen “Governmental theory” be=
kannt und namentlich von der „Neu=England=Theologie“ aufgenom=
men worden.[3]) Während in dieſer Theorie noch ein ſchwacher Schein

---

1) So Bellarmin. Vgl. Quenſtedt, Systema II, 661. Kurz und treffend
entgegnet Quenſtedt: Solus (Christus) ita nos redemit, *ut castigatio sit super
ipsum, et nos pacem habeamus*, Jes. 53, 5. Ergo etiam redemit nos a poenis
peccatorum nostrorum *temporalibus*. Nisi enim et hae essent per Christum
solutae et sublatae, nondum pacem haberemus cum Deo. Quidquid enim
justificatis hominibus immittitur afflictionis, id non amplius est maledictio
et τιμωρία, sed castigatio et paterna δοκιμασία. Daß übrigens in der römiſchen
Praxis der Unterſchied zwiſchen zeitlichen und ewigen Strafen gar oft ganz weg=
fällt und die Vergebung der Sünden ſchlechthin auf die Verdienſte und die Für=
bitte der Heiligen gegründet wird, iſt allbekannt.

2) Grotius ſagt: Deus ... cruciatibus et morte Christi uti voluit, ad sta-
tuendum exemplum grave adversus culpas immensas nostrum omnium, qui-
bus Christus erat conjunctissimus natura, regno, vadimonio. (De satisfac-
tione IV, § 18.) Dazu vorher: *Poenas infligere et a poenis aliquem liberare
... non est nisi rectoris* qua talis primo et per se: ut, puta, in familia patris;
in republica regis, *in universo Dei.* (II, 1.)

3) Hopkins, der jüngere Edwards, E. A. Park von Andover u. A. Hugo
Grotius’ „Regentenmaßregel“ findet ſich weſentlich auch bei den deutſchen Supra=
naturaliſten Stäudlin, Flatt, Reinhard 2c. Auch Storr kommt darüber nicht
hinaus. Die „Beſänftigung des Zornes Gottes“ durch Chriſti Leben und Leiden

einer von Christo geleisteten Genugthuung aufrechterhalten ist — Gro=
tius selbst behält den A u s b r u c k satisfactio bei — schritten Andere
wieder dahin fort, jede der göttlichen G e r e c h t i g k e i t geleistete Genug=
thuung zu leugnen und das Wesen der Versöhnung lediglich in den
m o r a l i s c h e n E i n f l u ß zu setzen, den Christi Lehre und Beispiel
auf die Menschen ausübe (moral-power view of atonement, moral in-
fluence theory).[1] Christi Lehre und Beispiel wird von den Verschie=
denen verschieden näher bestimmt, z. B. auch so: Christus habe als
Repräsentant der Menschen die Sünden der Menschen vollkommen b e =
k a n n t u n d b e r e u t[2] und dadurch Gott geneigt gemacht, den Men=
schen die Sünden zu vergeben, wenn die Menschen Christo im Sünden=
bekenntniß und in der Reue nachfolgen.[3] Es ist kaum der Mühe
werth, die Abweichungen von der christlichen Versöhnungslehre im
Einzelnen weiter darzulegen. Sobald zu Tage liegt, daß die o b j e c =

---

nennt er einen „falschen Wahn"; „vielmehr sollte dadurch" (durch die Bestrafung
der Sünde an Christo) „die sehr wahre und nicht bloß für Menschen, sondern auch
für die reinsten und einsichtvollsten Geister höchst wohlthätige Meinung von der
H e i l i g k e i t d e s G e s e t z e s — unterstützt werden". (Lehrbuch der christl. Dog=
matik, ed. Flatt. 1803, § 91, Anm. 9.)

1) So besonders auch H o r a c e B u s h n e l l († 1876) in "Vicarious Sacrifice."
Bushnell sagt: "His (Christ's) work terminates, not in the release of penal-
ties by due compensation, but *in the transformation of character,* and the res-
cue *in that manner,* of guilty men from the retributive causations provoked
by their sins." (Bei H o d g e, Systematic Theology II, 568.) Bushnell gesteht
aber, daß seine „moralische Anschauung" von der Versöhnung keine Wirkung auf
die Menschen ausübe, wenn man sie nicht in die „Altar=Ausdrücke" einkleide,
d. h., Christum als ein Opfer für unsere Sünde darstelle. Hodge sagt daher
von Bushnell: "Toward the end of his book, however, he *virtually* takes it
all back." In einer späteren Schrift, "Forgiveness and Law", sagt Bushnell,
Gott könne nicht Sünde vergeben, ohne es sich selbst etwas kosten zu lassen (by "mak-
ing cost to himself"). Daher läßt Gott es sich das Leiden seines Sohnes kosten.
Aber nicht in dem Sinn, als ob seine G e r e c h t i g k e i t eine Genugthuung erheische,
sondern in der Weise, wie ein Mensch seinem Beleidiger erst dann recht von Herzen
vergeben könne, wenn er sich für denselben aufgeopfert hat. Mit Recht sagte seiner=
zeit ein Kritiker von Bushnell, derselbe theologisire, als ob „Gott nach dem Bilde des
Menschen gemacht sei".

2) Christ is the great Penitent (Campbell in England).

3) Vgl. „Lehre und Wehre", 1883, S. 305 ff. 345 ff.

tive Versöhnung aller Menschen durch Christi stellvertreten=
des Leben, Leiden und Sterben geleugnet wird, ist das Fun=
dament der christlichen Lehre aufgegeben. Man mag dann seine Ansicht
über die Versöhnung gestalten und benennen, wie man will: immer
wird ganz oder theilweise dem Thun der Menschen zugeschrieben,
was doch Christus allein vollbracht hat. Mit dem Seligwerden
aus Gnaden um Christi willen durch den Glauben, mit Christi Hei=
landslehre und dem gewissen Trost der Menschen ist es dann ein für
alle Mal aus!

Es ist am Platze, noch mit einigen Worten auf von Hofmanns
Versöhnungslehre einzugehen. Hofmanns Lehre kommt S. 117 in
seinen eigenen Worten zur Darstellung. Hofmann leugnet hiernach
zunächst und direct das stellvertretende Strafleiden Christi, also
das, was die alten Theologen obedientia passiva nennen. Dagegen
scheint er alles Gewicht auf die obedientia activa Christi zu legen.
Aber das scheint nur so. Denn was Hofmann unter dem „Gehorsam
Christi" versteht, ist nicht die Erfüllung des den Menschen gegebenen
Gesetzes an der Menschen Statt, sondern lediglich Selbstbewäh=
rung Christi in dem ihm zugewiesenen Heilandsberuf. Hofmann
leugnet thatsächlich das ganze stellvertretende Werk Christi, nicht
nur die obedientia passiva, sondern auch die obedientia activa. Aus
dieser Leugnung des stellvertretenden Characters des Werkes
Christi ergibt sich, daß Christus den Menschen auch nicht direct Ver=
gebung der Sünden erworben hat. So lange man auf Grund
der Schrift mit der christlichen Kirche festhält, daß Christus stellver=
tretend unter der Pflicht und der Strafe der Menschen war, kommt es
so zu stehen, daß Christus mit seiner Auferstehung nun auch allen
Menschen die Vergebung ihrer Sünden ans Licht gebracht hat,
die durch das Evangelium verkündigt und seitens der Menschen
durch den Glauben in Empfang genommen wird. (Luc. 24,
46. 47.) Von diesem unmittelbaren Resultat des Lebens und Lei=
dens Christi kann bei der Hofmannschen Versöhnungslehre nicht die
Rede sein. Nach Hofmann hat ja Christus gar nicht an Stelle der
Menschen unter Gottes Strafurtheil gestanden; so hat Christus den
Menschen auch nicht Vergebung der Sünden aus dem Grabe

gebracht, sondern nur dies „zum Besten" der Menschen gethan, daß
er durch seine Selbstbewährung auch „unter den äußersten Folgen der
Sünde" in seiner Person den Anfang einer neuen, heiligen
Menschheit gesetzt hat. So bekommt nach Hofmann das Evan=
gelium einen andern Inhalt und der seligmachende Glaube ein
anderes Object. Unmittelbarer Inhalt des Evangeliums und
somit auch unmittelbares Object des Glaubens ist nicht die von Christo
erworbene Vergebung der Sünden, sondern ein Stück Geschichte,
nämlich dies, daß Christus seine Gottesgemeinschaft bis ans Ende
festgehalten und dadurch in seiner Person den Anfang einer
neuen, heiligen Menschheit gesetzt hat. Sündenschuld und Vergebung
der Sünden treten hier zunächst ganz in den Hintergrund. Das ver=
ändert natürlich auch die Art des rechtfertigenden und seligmachenden
Glaubens: er ist nicht die Hinnahme der von Christo ans Licht ge=
brachten Vergebung der Sünden, sondern dies, daß der Mensch
sich die Wiederherstellung und Vollendung der Mensch=
heit durch „das urbildliche Weltziel" (Christus) gesagt sein läßt.
Die Vergebung der Sünden kommt hier erst auf dem Grunde
der Versetzung in die neue, durch Christum begründete Lebensgemein=
schaft zum Vorschein, nicht ist sie unmittelbares Object des
Glaubens. Auch an Hofmanns Lehre tritt wiederum zu Tage, daß
man nicht die objective durch Christi stellvertretende Genugthuung be=
wirkte Versöhnung leugnen kann, ohne Rechtfertigung und Heiligung
zu vermischen. Ganz richtig sagt Dorner in der Characterisirung
der Hofmannschen Lehre: „Also durch wenigstens principielle Hei=
ligung haben wir Versöhnung."[1] Hofmanns Lehre vom Werk Christi
wird im Wesentlichen auch von Frank vorgetragen. Vgl. die Kritik
der Lehre Franks, „Lehre und Wehre", 1896, S. 137 ff. Uebrigens
liegt auch der Versöhnungslehre Hofmanns eine schriftwidrige An=
schauung von der Sünde zu Grunde. Die Sünde ist nach Hofmann
nicht sowohl ein Angehen wider Gott und demgemäß Schuld vor
Gott, als ein Sichverlieren in die körperliche Welt und demgemäße
Gefangenschaft unter einem Uebel. Vgl. Hofmanns Aussprachen

---

1) System der christl. Glaubenslehre II, 587.

über die Sünde, Baier II, 292 f. 294. So ist es Hofmann, wenn
es sich um die Erlösung handelt, nicht sowohl um Aufhebung des
Schuld= und Strafurtheils, als um eine Ueberwindung der Sün=
den macht zu thun. Er braucht daher keinen Heiland, der an Stelle
der Menschen Gottes Zorn und Strafe erfährt und das göttliche
Schuld= und Strafurtheil gegen die Menschen aufhebt, sondern er
construirt im Einklang mit seiner Lehre von der Sünde einen Erlöser,
der in seiner Person die Macht der Sünde bricht, indem er durch
Selbstbewährung auch unter den äußersten Folgen der Sünde den
Anfang einer neuen, heiligen Menschheit setzt und badurch den
Strom der Menschheit wieder in Gott zurücklenkt. Die Verwandt=
schaft der Hofmannschen Theologie mit der Theologie Menkens
und Schleiermachers läßt sich nicht leugnen: ihr Wesen besteht
in „der mystischen Substitution der subjectiven Erlösung anstatt der
objectiven Versöhnung".

Hase bemerkt gegen die modernen Abweichungen von der kirch=
lichen Versöhnungslehre: „Das tiefste Gefühl der Sündhaftigkeit,
neben dem höchsten Vertrauen auf die unendliche Barmherzigkeit Got=
tes ist in der Kirchenlehre ausgesprochen. Die neueren Einwendungen
beruhen meist auf dem oberflächlichen Begriff der Sünde; derjenige
hat leicht argumentiren wider den Versöhner, der die Größe seiner
Schuld nicht erwog.... Wer aber der Unmöglichkeit sich bewußt ist,
durch eigene Kraft sich zu erlösen vom Uebel, der wird das Verdienst
des göttlichen Versöhners dankbar ergreifen."[1]

Der thätige Gehorsam Christi (obedientia Christi activa).

Zu der von Christo geleisteten stellvertretenden Genugthuung ge=
hört, wie im Vorhergehenden bereits gelehrt ist, auch Christi Halten
des den Menschen gegebenen Gesetzes an der Menschen Statt. Mit an=
dern Worten: Christus hat, um der göttlichen Gerechtigkeit genug=
zuthun, nicht nur die Strafe für die menschliche Uebertretung des
Gesetzes getragen, sondern auch mit seinem heiligen Leben dem gött=
lichen Gesetz den Gehorsam geleistet, den die Menschen zu leisten

1) Hutterus redivivus, 6. Aufl., S. 251.

schuldig sind, aber nicht leisten. Wie unsere Schuld, so ist auch unsere Pflicht Christo zugerechnet worden. — Wir lassen hier noch eine be= sondere Erörterung dieses Stückes der stellvertretenden Genugthuung folgen, weil dasselbe bei der Darstellung der Lehre von der Erlösung theils zurückgetreten, theils geradezu geleugnet -worden ist. So a. auch von Anselm, wenn er Cur deus homo II, 11 sagt, daß Christi Lebens= gehorsam nicht zu der für die Menschen geleisteten Genugthuung ge= höre, weil Christus, wie jede vernünftige Creatur, diesen Gehorsam selbst schuldig gewesen sei; [1] b. von Georg Karg, Generalsuperinten=

---

1) Philippi macht aber darauf aufmerksam, daß Anselm in seinem Glau= bensleben über seine scholastische Theorie hinausgriff und in seinen Betrach= tungen und Gebeten z. B. sagt: „Während ich nicht gehorchen wollte, büßtest du mit deinem Gehorsam meinen Ungehorsam; ich schwelgte, du dürstest" rc., also den thätigen Gehorsam Christi ausdrücklich zu der stellvertretenden Genug= thuung rechnet. Anselms verkehrte Darstellung in Cur Deus homo lautet: Anselmus: Quaerendum est nunc, cujusmodi haec datio debebit esse. Dare namque se non poterit Deo aut aliquid de se quasi non habenti, ut suus sit, quoniam omnis creatura Dei est. Boso: Sic est. Anselmus: Sic ergo intelligenda est haec datio, quia aliquo modo ponet se ad honorem Dei aut aliquid de se, quo modo debitor non erit. Boso: Ita sequitur ex supra dictis. Anselmus: Si dicimus, quia dabit seipsum ad obediendum Deo, ut persove- ranter servando justitiam subdat se ejus voluntati, non erit hoc dare, quod Deus ab illo non exigat ex debito. Omnis enim rationalis creatura debet hanc obedientiam Deo. Boso: Hoc negari nequit. Anselmus: Alio itaque modo oportet ut det se ipsum Deo aut aliquid de se. Boso: Ad hoc nos impellit ratio. Anselmus: Videamus, si forte hoc sit vitam suam dare sive ponere animam suam sive tradere seipsum morti ad honorem Dei. Hoc enim ex debito Deus non exiget ab illo; quoniam namque non erit peccatum in illo, non debebit mori, ut diximus. So schließt Anselm klar den thätigen Ge= horsam Christi von der stellvertretenden Genugthuung aus. Der größte Fehler in Anselms Schrift (Cur Deus homo) ist übrigens der, daß sie die Lehre von der Ver= söhnung nicht einfältig aus der Heiligen Schrift darstellt, sondern vernunft= gemäß entwickeln will. Damit hängt dann auch der schwerfällige Gedankengang, der sich in dieser Schrift so unangenehm bemerkbar macht, zusammen. Die so ein= fache, klare Lehre der Heiligen Schrift ist auf die Folterbank der theologischen Specu= lation gespannt. Den Studirenden der Theologie ist Anselms Methode nicht als Muster, sondern eher als abschreckendes Beispiel vorzuhalten. Auch darf man die Bedeutung der Anselmischen Schrift für die Folgezeit nicht überschätzen. Die land= läufige Angabe (so z. B. im Handbuch der theologischen Wissenschaft von Zöckler, III, 137, auch bei Luthardt, Comp., S. 236), daß die Grundgedanken der Ansel=

bent in Ansbach († 1576), der aber 1570 revocirte;[1] c. von einem Theil der reformirten Theologen, namentlich von Joh. Piscator († 1625); d. von neueren Theologen, die den thätigen Gehorsam Christi z. B. darauf beschränken wollen, daß Christus sich willig seinem „Heilandsberuf" hingab, willig litt, aber in Abrede stellen, daß Christus das den Menschen gegebene Gesetz an Stelle der Men-

mischen Theorie von der Reformation aufgenommen worden seien, ist irreführend. Luther hat Anselm gelesen. Er nennt ihn „monachissimus monachus", Exeg. opp. lat., Erl. XXI, 233. Aber einen besonderen Einfluß Anselms auf Luther darf man nicht annehmen. Was in Anselms Cur Deus homo richtig ist, hatte man näher und besser in der Heiligen Schrift.

1) Georg Karg (Parsimonius), ein Philippist, ging von dem Satz aus: „Das Gesetz verbindet entweder zum Gehorsam oder zur Strafe, nicht zu beiden zugleich." Inwiefern dieser Satz mißverständlich sei, wird bald dargelegt werden. Karg aber schloß aus diesem Satz: „Weil Christus die Strafe für uns gelitten, habe er den Gehorsam für sich geleistet." Der allseitige Widerspruch, welcher sich sofort gegen diese Lehre Kargs erhob, beweist, wie klar man innerhalb der lutherischen Kirche die Wahrheit erkannt hatte, daß die obedientia activa ein Theil der von Christo geleisteten Genugthuung sei. Karg wurde suspendirt. Er reiste nach Wittenberg, wurde dort seines Irrthums überführt, zum Widerruf bewogen und wieder in sein Amt eingesetzt. Weil ein Widerruf bei hochstehenden Personen in der Kirche etwas Seltenes ist, so theilen wir denselben hier mit. Der Widerruf lautet: „Nachdem ich bis anhero in dem hochwichtigen Artikel unseres heiligen christlichen Glaubens von der Rechtfertigung des Sünders vor Gott mit Etlichen streitig gewesen über die Rede von der Zurechnung Christi, unsers einigen Mittlers Gerechtigkeit und Gehorsam, nun aber von denen ehrwürdigen und sach-gelehrten Herren Theologen und Doctoren zu Wittenberg gütig berichtet und ge-wiesen worden bin, daß in dem Amt des Mittlers seine Unschuld und Ge-rechtigkeit in göttlicher und menschlicher Natur nicht können noch sollen gesondert werden von dem Gehorsam im Leiden und ganzen Erniedrigung des Sohnes Gottes, unsers HErrn und Erlösers JEsu Christi, weil doch sein Tod und Opfer theuer und werth ist gehalten bei Gott dem Vater um Würdigkeit, Heiligkeit und Gerechtigkeit willen der Person, so Gott und Mensch und unschuldig ist: so danke ich Gott, dem ewigen Vater unsers HErrn JEsu Christi, sammt seinem eingebornen Sohn und heiligen Geiste, auch denen ehrwürdigen Herren Doctoren für solchen väterlichen Bericht, und verspreche von Herzen vor Gott, daß ich solche Disputation hinfüro fallen lassen und gemeine, gebräuchliche und Gottes Geist gemäße Reden mit andern christlichen Lehrern durch Gottes Gnade und Hülfe brauchen und führen will, laut der Abrede, so zwischen ermeldten Herren Doctoren und mir zu Wittenberg ge-schehen ist. Den 10. August 1570."

fchen erfüllt habe.[1]) Siehe Antithefis S. 119 f. Klar und scharf
fpricht fich die Concordienformel (S. D. III, 14—16, S. 612 f.) über
die obedientia Christi activa als integrirenden Theil der fatisfactori=
fchen Leiftung Chrifti aus, wenn fie fagt: „Weil Chriftus nicht allein
Menfch, fondern Gott und Menfch in einer unzertrennten Perfon,
fo ift er eben fo wenig unter dem Gefetz gewefen" (das heißt, zur
Haltung des Gefetzes verpflichtet gewefen, legi subjectus), „weil
er ein Herr des Gefetzes, als daß er für feine Perfon leiden und
fterben follen. Darum uns denn fein Gehorfam nicht allein im
Leiden und Sterben, fondern auch daß er freiwillig an unfer Statt
unter das Gefetz gethan und dasfelbige mit folchem Ge=
horfam erfüllet, uns zur Gerechtigkeit zugerechnet, daß uns Gott
um folches ganzen Gehorfams willen, fo er im Thun und Leiden,
im Leben und Sterben für uns feinem himmlifchen Vater geleiftet,
die Sünde vergibt, uns für fromm und gerecht hält und ewig felig
machet." Hier ift die Befchränkung der obedientia Christi activa auf
„die fpontane Uebernahme des Leidens" ausdrücklich abgewiefen.

Die Lehre der Concordienformel ift die klare Lehre der Schrift.
In den Schriftftellen Gal. 4, 4. 5. Matth. 5, 17. 2c. liegt ein Dop=
peltes klar zu Tage: 1. Daß hier von dem den Menfchen gegebenen
göttlichen Gefetz die Rede fei; nicht ift hier unter „Gefetz" der nur
Chriftum angehende „Heilswille" Gottes zu verftehen. 2. Daß Chriftus
unter diefes den Menfchen gegebene Gefetz gethan fei und es zur Er=
löfung der Menfchen erfüllt habe.[2]) Wenn neuere Theologen bei Be=

1) Vgl. „Lehre und Wehre", 1896, S. 137.
2) Philippi hat ficherlich recht, wenn er zu Gal. 4, 4. 5. bemerkt: „Israel
war . . . den Erfüllung fordernden Satzungen des Nomos unterftellt, dem ent=
fprechend ift auch das Erlöfungswerk des Sohnes Gottes als ftellvertretende
Gefetzeserfüllung zu betrachten" (IV, 2, 300). Ebenfo Stöckhardt: „Das
Gefetz, unter dem Israel ftand, ift die Summa aller Forderungen Gottes an den
Menfchen, fpeciell an Israel, Alles, was Gott von den Menfchen gethan und gelaffen
haben will. Und eben diefem Gefetz ift auch Chriftus untergeben und er hat es
übernommen, alfo alle Gebote Gottes erfüllt. Und eben diefer Gehorfam diente
zu unferer Erlöfung." (L. u. W., 1896, S. 137.) Auch halten wir mit den meiften
alten Theologen Matth. 5, 17. als eine Beweisftelle für die obedientia Christi
activa feft. Das τὸν νόμον πληρῶσαι, „das Gefetz erfüllen", auf die Erfüllung „mit

ſchreibung bes Werkes Chriſti die Erfüllung des Geſetzes Gottes und die
Erfüllung des „Heilswillens" Gottes in Gegenſatz ſtellen, ſo ſchließt
das eine petitio principii in ſich. Es gilt doch zunächſt, auf Grund
der Schrift feſtzuſtellen, was der „Heilswille", den Chriſtus ausführen
ſollte, in ſich begreife. Dieſer Heilswille aber lautet nach der Schrift
nicht bloß auf Leidensgehorſam, ſondern auch auf ſtellvertretenden
Lebensgehorſam, auf poſitive Geſetzeserfüllung an der Menſchen
Statt. — Auf Grund der Schrift iſt demnach in Bezug auf die Lebens=
gerechtigkeit Chriſti Folgendes feſtzuhalten: Chriſti Lebensgerechtigkeit
iſt für uns nicht bloß Vorbild — was ſie freilich auch iſt, inſofern
wir Chriſto nachwandeln ſollen, 1 Petr. 2, 21. —; ſie iſt auch nicht
bloß Vorausſetzung für den leidenden Gehorſam — was
ſie freilich auch iſt, inſofern nur der Tod eines vollkommen Heiligen
Sühukraft hat, 1 Petr. 1, 19. —, ſondern ſie iſt auch ein integri=
render Theil der Leiſtung, die Chriſtus dem gerechten Gott
zur Verſöhnung der Menſchen ſtellvertretend dargebracht hat. Dies
iſt Lehre der Schrift an den angeführten Schriftſtellen und dies zu er=
kennen und feſtzuhalten iſt auch für die Praxis, nämlich für das
chriſtliche Glaubensleben, von der größten Wichtigkeit, wie aus der
folgenden Ausführung Luthers hervorgeht. Nachdem Luther von
Chriſti ſtellvertretender Geſetzeserfüllung geſagt hat: „Dem Geſetz that
er genug, er hat das Geſetz erfüllet ganz und gar; denn er hat Gott
geliebet von ganzem Herzen, von ganzer Seele, von ganzen Kräften,
von ganzem Gemüthe, und den Nächſten als ſich ſelbſt" ꝛc., fährt er fort:
„Darum, wenn das Geſetz kommt und verklagt dich, daß du es nicht haſt
gehalten, ſo weiſe es hin zu Chriſto und ſprich: Dort iſt der Mann, der

Lehren" zu beſchränken, leidet der Ausdruck nicht. — Auch iſt es willkürlich,
Röm. 5, 18. das δικαίωμα Chriſti auf den bloßen Leidensgehorſam Chriſti zu be=
ſchränken. Dem παράπτωμα, der Uebertretung, Adams tritt hier das δικαίωμα, die
Gerechtigkeitsthat Chriſti gegenüber, das, wodurch Chriſtus ſich — im Unterſchiede
von Adam — als gerecht dargeſtellt hat, der Gehorſam Chriſti (die ὑπακοή
V. 19.) ohne Einſchränkung. Klar und ſcharf Quenſtedt: δικαίωμα opponitur
παραπτώματι. Ut ergo παράπτωμα est ἀνομία, ita δικαίωμα vi oppositionis est
ἐννομία . . . actio ἔννομος seu activa Christi obedientia. Es iſt daher zu wenig
geſagt, wenn Philippi ad. h. l. meint, daß hier nur „die Grundlage" für das
Dogma von der obedientia activa gegeben ſei.

es gethan hat, an dem hange ich, der hat's für mich erfüllet, und mir seine Erfüllung geschenket; so muß es still schweigen" (E. A. 15, 61. 63.).

Wir haben auch oben bereits darauf hingewiesen, wie Anselm durch sein Glaubensleben über seine theoretische Leugnung der obedientia Christi activa hinausgeführt wurde.

Es erübrigt noch, kurz die Einwürfe zu beleuchten, mit denen man den thätigen Gehorsam Christi als Theil seiner stellvertretenden Genugthuung bekämpft hat. Man hat eingewendet,

I. Christus habe seinen thätigen Gehorsam selbst gebraucht, da er als wahrer Mensch zur Erfüllung des Gesetzes verpflichtet gewesen sei. Antwort: Mit dieser Behauptung ist die persönliche Vereinigung (unio personalis) von Gott und Mensch in Christo geleugnet. Vermöge der persönlichen Vereinigung gehört ja die menschliche Natur zur Person des Sohnes Gottes. Die Person des Sohnes Gottes ist aber nicht unter dem Gesetz; folglich auch nicht die zu dieser Person gehörende menschliche Natur Christi. Dadurch, daß der Sohn Gottes eine mensch= liche Natur annahm, kam er nicht unter das Gesetz, wohl aber hob er diese menschliche Natur durch die Aufnahme derselben in seine göttliche Person unter dem Gesetz heraus auf den Thron der göttlichen Majestät. Daß Christus dennoch unter das Gesetz kam (γενόμενος ὑπὸ νόμον), geschah in Folge eines besonderen Actes, der, obwohl er zeitlich mit der Menschwerdung zusammenfällt, dennoch von dieser sachlich in der Schrift geschieden ist, nämlich durch die Erniedrigung, Phil. 2, 5—8. Gott that seinen Sohn und dieser gab sich unter das Gesetz für die Menschen und zur Erlösung derselben, Gal. 4, 4. 5. Pf. 40, 7—9. So ist ein Gesetzesgehorsam (δικαίωμα, ὑπαχοή, Röm. 5, 18. 19.) zu Stande gekommen, den Christus an die Menschen abgeben kann und will. Auch im Stande der Erniedrigung erklärt sich Christus ausdrücklich für einen solchen, der für seine Person über dem Gesetz stand, Matth. 12, 8. Vgl. Quenstedt, S. 118.

II. Die Schrift schreibe die Erlösung der Menschen der Ver= gießung des Blutes Christi, also der obedientia passiva zu. Ant= wort: Aber nicht ausschließlich! Wenn an Stellen wie 1 Petr. 1, 19. Col. 1, 14. 2c. die obedientia passiva in den Vordergrund gestellt wird, so gibt es auch Schriftstellen, in welchen die Erlösung der obedientia activa zugeschrieben wird, Röm. 5, 18. 19. Pf. 40, 7—9. Es sind also weder die ersteren, noch die letzteren Stellen exclusiv zu verstehen. Vgl. Gerhard, S. 118. 119. —

III. Durch die obedientia passiva sei der göttlichen Gerechtigkeit völlig Genüge geschehen. Gott würde zu viel fordern, wenn er von Christo sich nicht nur die Strafe für die Uebertretung des Gesetzes bezahlen ließ, sondern auch eine positive Erfüllung des Gesetzes forderte. Lex obligat vel ad obedientiam vel ad poenam. Antwort: Dieser Einwurf, welcher unter Absehung von den betreffenden Schriftaussagen die Sache vernunftgemäß behandeln will, wird nicht einmal der menschlichen Vernunft gerecht. Auch nach menschlichem Recht ist das Erleiden der Strafe für die Uebertretung des Gesetzes noch keine Gesetzeserfüllung, keine conformitas cum lege. Ein Dieb, der die gesetzliche Strafe für seinen Diebstahl erlitten hat, ist dadurch noch kein Mensch, der das Gesetz gehalten, das heißt, nicht gestohlen hat. Vielweniger ist die Erleidung der Strafe für die Uebertretung des göttlichen Gesetzes eine Gesetzeserfüllung vor Gott. Wer wird von den Verdammten in der Hölle, die die Strafe für ihre Uebertretung des Gesetzes leiden, sagen, daß sie damit das Gesetz Gottes erfüllen, dessen Summa ist: Gott lieben von ganzem Herzen und den Nächsten als sich selbst! Der Satz lex obligat vel ad obedientiam vel ad poenam ist am Platz, wenn es einzuschärfen gilt, daß kein Mensch den Gehorsam gegen das Gesetz ungestraft anstehen lassen kann, wenn also keine bereits geschehene Uebertretung des Gesetzes in Betracht kommt. Gilt es aber darzulegen, was das Gesetz von dem gefallenen Menschen fordere, so ist zu sagen: lex obligat et ad poenam et ad obedientiam. Vgl. Menzer, S. 118.[1])

---

1) Noch klarer Quenstedt, Systema. 1715. II, 407 sq. Quenstedt sagt: Lex obligat vel ad poenam vel ad obedientiam, nimirum creaturas rationales nondum in peccatum prolapsas, v. g. sanctos angelos obligat tantum ad obedientiam, non vero ad poenam. Adamum in statu innocentiae tantum obligavit ad obedientiam, non autem simul ad poenam (nisi sub conditione). Ubi enim nulla est transgressio, ibi poena locum non habet. Sed creaturas rationales *in peccatum prolapsas* lex obligat ad poenam et ad obedientiam; ad obedientiam, quia sunt creaturae rationales; ad poenam, quia sunt in peccatum

IV. Durch die Lehre, daß Christus stellvertretend für alle Men=
schen das Gesetz erfüllt habe, werde die Moral geschäbigt, da sich dann
Niemand mehr ernstlich der Gesetzeserfüllung befleißigen werde. Ant=
wort: Nach dieser Weise zu argumentiren könnte man auch das stell=
vertretende Strafleiden Christi, die obedientia passiva, leugnen,
unter der Behauptung, die Menschen würden nicht mehr vor der Hölle
erschrecken und Buße thun, wenn sie hörten, daß Christus die Strafen
der Sünden bereits abgebüßt habe. Der Einwurf offenbart große geist=
liche Blindheit und ist bereits von dem Apostel Paulus ex professo
widerlegt worden, Röm. 6, 1. ff. Vgl. Gerhard, S. 119.

Der Vorwurf, den neuere Theologen gegen unsere alten Theo=
logen erheben, daß letztere die obedientia activa und passiva me ch a =
nisch neben einander gestellt, resp. auseinander gerissen hätten,
ist ungerecht. Vgl. Quenstedt, S. 118, erstes Citat; Gerhard, S. 118 f.;
besonders Quenstedt, Systema, II, 407.

Das Opfer Christi und die Sühnopfer des alten Testaments.

Die Schrift erklärt ausdrücklich, daß die Sühnopfer des alten
Testaments Vorbilder des Opfers Christi waren. Hebr. 10, 1.
heißt es in Bezug auf die jährlichen und täglichen Sühnopfer des
alten Testaments: „Das Gesetz hat den Schatten (σκιάν = Schatten=
abriß, Abbild) von den zukünftigen Gütern, nicht das Wesen der Güter
selbst (οὐκ αὐτὴν τὴν εἰκόνα τῶν πραγμάτων = nicht die wirkliche Dar=
stellung der Dinge)." Was hier unter „Schatten" und „Wesen" zu
verstehen sei, darüber lassen die folgenden Verse nicht im Zweifel.
Es wird nämlich V. 1 b—14. erklärt, daß die wirkliche Sühne der
Sünden nicht durch die alttestamentlichen Opfer, sondern erst durch die
Selbstopferung Christi bewirkt sei. V. 4.: „Es ist unmöglich, durch
Ochsen= und Bocksblut Sünden wegzunehmen"; ebenso V. 11. Da=
gegen ist die Wegnahme der Sünden „einmal geschehen durch das

---

prolapsae. Juri obligationis ad obedientiam per lapsum nihil quidquam deces-
sit, quin potius *nova* obligatio, videlicet ad poenam propter peccatum susti-
nendam, eidem accessit. Christus igitur et Adae et nostrum omnium loco
sese sistens, legem perfecte implevit et poenas peccatorum nostrorum in se
recepit.

Opfer des Leibes Christi", B. 10.; ebenso K. 52. 14. Die alttesta=
mentlichen Opfer waren daher nur Abbilder des Opfers Christi.
In ihnen wurde nicht die objective Sühne der Sünden vollzogen,
sondern sie waren ein thatsächlicher Hinweis auf die objective
Sühne, welche durch das Opfer Christi bewirkt ist. Man hat die alt=
testamentlichen Opfer passend eine „Realweissagung" genannt, das
heißt: wie in vielen Schriftworten des Alten Testaments die Ver=
söhnung der Menschen durch Christum geweissagt ist, so liegt dieselbe
Weissagung in der Handlung vor, durch welche auf Gottes Befehl
Thiere als Sühnopfer dargebracht wurden. In dem vorbildlichen,
weissagenden Character der alttestamentlichen Opfer liegt der
wesentliche Unterschied zwischen diesen Opfern und dem Opfercultus
der Heiden. Die Heiden schrieben ihren Opfern reale Sühnkraft zu;
die Opfer in Israel hatten ihre Bedeutung darin, daß sie eine Weis=
sagung auf Christi Opfer waren. In Bezug auf die Kraft der
alttestamentlichen Sühnopfer finden sich in der Schrift scheinbar wider=
sprechende Aussagen. Während es Hebr. 10, 4 heißt: „Es ist un=
möglich durch Ochsen= und Bocksblut Sünden wegzunehmen", lesen wir
3 Mos. 17, 11. 2c.: „Ich habe es" (nämlich das Blut der Thiere) „euch
zum Altar gegeben, daß eure Seelen damit versöhnet werden, denn
das Blut ist die Versöhnung für das Leben." Der Ausgleich liegt
auf der Hand. Das Blut der Opferthiere sühnte nicht; nämlich nicht
an sich; es sühnte aber typisch, das heißt es sollte den Israeliten
das Sühnopfer Christi ab und bot ihnen also das von Gott geord=
netes Gnadenmittel, die durch Christum zu leistende Sühne dar.
Vgl. Kromayer, S. 109. So erlangte der gläubige Israelit durch
rechten Gebrauch der alttestamentlichen Sühnopfer Vergebung der
Sünden. Vgl. über Zweck, Brauch und Kraft der Opfer des alten
Testaments Baier, § 7, nota b, S. 108; Leiserebt und Dann=
hauer, S. 108 f.[1]

___

[1] Die Ausdeutung der einzelnen Theile des alttestamentlichen Opferceremo=
niells führt über die Aufgabe eines dogmatischen Compendiums hinaus. Doch sei
hier daran erinnert, daß die durch Christum geleistete stellvertretende Genugthuung
in allen ihren Hauptgedanken durch die Darstellung der alttestamentlichen Sühnopfer
klar abgebildet ist. Wir haben, was die Schrift von der stellvertretenden Genug=

Wem und für wen Christus Genugthuung geleistet habe.

Die Frage, wem Christus Genugthuung geleistet habe, ist schon im Vorhergehenden genügend beantwortet worden, nämlich Gott, insofern Gott Heiligkeit und Gerechtigkeit zukommt. Die Genug= thuung ist der göttlichen Gerechtigkeit geleistet worden. Und da die göttliche Gerechtigkeit nicht drei Mal vorhanden ist, sondern die eine göttliche Gerechtigkeit der Zahl nach dem Vater, dem Sohne und dem Heiligen Geiste zukommt, so haben die alten Lehrer nicht Unrecht, wenn sie sagen, daß Christus auch sich selbst die Ge= nugthuung geleistet habe. Baier: „Insofern Christus die Genug= thuung leistete, wird er als Mittler betrachtet; insofern er selbst auch die Genugthuung forderte, ist er als Gott anzusehen, als der Urheber und Rächer des Gesetzes, der seinem Wesen nach absolut gerecht ist mit dem Vater und dem Heiligen Geist." Baier III, § 10,

---

thuung Christi lehrt, oben in drei Hauptpunkte zusammengefaßt: 1. Gott nach sei= ner unverletzlichen Gerechtigkeit fordert von den Menschen Erfüllung seines Gesetzes und die Uebertreter desselben haben das Leben verwirkt. 2. Christus, an Stelle der Menschen tretend, thut der göttlichen Gerechtigkeit durch seinen thätigen und leidenden Gehorsam genug. 3. Durch Christi stellvertretendes Thun und Leiden ist Gott nun mit den Menschen versöhnt. Dieß alles kommt bei den alttesta= mentlichen Sühnopfern, insonderheit in dem Ceremoniell des großen Versöhnungs= tages, klar zur Darstellung. 1. Die unverletzliche Heiligkeit und Gerechtigkeit Got= tes kommt dadurch zum Ausdruck, daß Gott bei Uebertretungen seines Gesetzes von den Uebertretern Sühnopfer forderte, die getödtet wurden und deren Blut vor ihn (nämlich an den Altar, am großen Versöhnungstage in das Allerheiligste) ge= bracht werden mußte. 2. Daß es sich hierbei aber nur um eine Stellvertretung handelte, das heißt, daß eigentlich der sündigende Mensch und nicht das Opfer= thier sterben sollte, kam dadurch zum Ausdruck, daß der, für den das Opfer darge= bracht wurde, seine Hände auf das fehllose Opferthier legen, dabei seine Sünde bekennen und so auf das Opferthier übertragen mußte. 3. Daß Gott das darge= brachte Opfer als Sühnopfer gelten ließ, geht daraus hervor, daß er das Blut des Opferthiers das Blut der Versöhnung nennt, 3 Mos. 17, 11.: „Ich habe es (das Blut) euch zum Altar gegeben, daß eure Seelen damit versöhnet werden. Denn das Blut ist die Versöhnung für das Leben." Die geschehene Versöhnung wurde auch noch durch äußere Vorgänge abgebildet, z. B. am großen Versöhnungstage dadurch, daß der lebendige Bock, nachdem die Missethat des Volkes über ihm bekannt und auf sein Haupt gelegt war, in die Wüste geführt und dort los= gelassen wurde.

4

nota a, S. 120. Es ist ein schriftgemäßer Gedanke, daß der die Ge-
nugthuung Beschaffende und der die Genugthuung Empfangende ein
und derselbe ist, 2 Cor. 5, 19. — Abzuweisen ist die wunderliche,
nach Dualismus schmeckende Idee des Origenes u. A., daß
Christus das Lösegeld dem Teufel gezahlt habe.¹) Vgl. hiergegen
Quenstebt III, 112, welcher ausführt: der Teufel ist durch Gottes
Strafverhängniß nur der Kerkermeister der Menschen, nicht ihr
Herr und Richter, dem ein Lösegeld zu zahlen gewesen wäre.
Soli Deo, non diabolo, λύτρον persolvehdum erat.

Auf die Frage, für wen Christus Genugthuung geleistet oder
ein Verdienst erworben habe, ist zu antworten: a. nicht für sich
selbst, Baier § 10, nota b, S. 120; Kromayer, S. 120; Antithesis
S. 120; b. nicht für die Engel, weder für die guten, noch für die
bösen, Antithesis S. 122, No. 1—3, sondern c. für die Menschen,
und zwar für alle Menschen, Baier § 10, nota c, S. 120 f. Daß
Christus für alle Menschen Genugthuung geleistet habe, ist schon bei
der Darlegung der gratia universalis (III, 6—10) allseitig erörtert
worden. Man kann, was die Schrift über die Vollkommenheit
der Genugthuung Christi lehrt, kurz so zusammenfassen: Die von

---

1) Origenes fragt zu Matth. 20, 28. : τίνι δὲ ἔδωκε τὴν ψυχὴν αὐτοῦ λύτρον ˙
ἀντὶ πολλῶν; und antwortet: οὐ γὰρ δὴ τῷ θεῷ· Er fragt dann weiter: μή τι οὖν
τῷ πονηρῷ; und antwortet: οὗτος γὰρ ἐκράτει ἡμῶν, ἕως δοθῇ τὸ ὑπὲρ ἡμῶν αὐτῷ λύτρον, ἡ τοῦ Ἰησοῦ ψυχή κτλ. Daß es aber ein großer Irrthum ist, wenn man
diese Lehre des Origenes zur eigentlichen Kirchenlehre bis auf Anselm macht, ist
„Lehre und Wehre", 1883, S. 308 ff. nachgewiesen. Selbst Origenes redet nicht
bloß von einer Loslaufung der Menschen durch Einhändigung des Lösegeldes an
den Teufel, sondern lehrt daneben auch eine Versöhnung Gottes, die dadurch
geschehen sei, daß Christus durch das Opfer seines Leibes Gott den Menschen
gnädig stimmte. So zu Röm. 3, 23. Vgl. Thomasius, Dogmengesch., I, 388.
Der Fehler der Kirchenväter, die mit der wunderlichen origenistischen Idee behaftet
sind, liegt darin, daß sie zu einer Schriftwahrheit eine rationalistische Folge-
rung hinzufügten. Aus der Schriftwahrheit nämlich, daß die Sünder durch Gottes gerechtes Gericht der Gewalt des Teufels anheimgegeben sind (1 Cor. 5, 5.;
Hebr. 2, 14. ꝛc.), schlossen sie, daß der Teufel für seine Person ein Recht auf die
Sünder erlangt habe und somit ein Lösegeld fordern konnte. Es fehlt bei diesen
Kirchenvätern die klare Erkenntniß, daß die gnädige Erlösung der Menschen eine
Auseinandersetzung mit der Heiligkeit und Gerechtigkeit Gottes ist.

Christo geleistete Genugthuung ist sowohl i n t e n s i v, als auch
e x t e n s i v vollkommen. Sie ist intensiv vollkommen, insofern Gott
durch Christi Thun mit den Menschen v ö l l i g versöhnt ist und daher
auf Seiten der Menschen kein T h u n mehr, sondern nur noch der
G l a u b e erfordert wird, um ihrerseits mit Gott versöhnt zu werden.
Sie ist aber auch extensiv vollkommen, insofern die völlige Versöhnung
sich g l e i c h e r w e i s e a u f a l l e M e n s c h e n erstreckt, nicht nur auf
die thatsächlich Seligwerdenden (die Erwählten), sondern auch auf die
thatsächlich Verlorengehenden. Jede Beschränkung der extensiven Voll=
kommenheit der Versöhnung verstößt gegen die klare Schrift, welche
a. die ganze Welt, Joh. 1, 29. 1 Joh. 2, 1. 2. 2c., und alle Menschen,
1 Tim. 2, 6. 2c., b. auch die thatsächlich Verlorengehenden, 1 Cor.
8, 11. Röm. 14, 15. 2 Petr. 2, 1. 2c., als durch Christum erlöst be=
zeichnet. Vgl. Quenstedt, S. 121. Schriftwidrig lehren nicht nur
die Calvinisten, welche Christi Genugthuung a u s d r ü c k l i c h auf die
Auserwählten beschränken, sondern auch die, welche zwar von einer
a l l g e m e i n e n Genugthuung reden, aber die J n t e n t i o n Gottes,
diese Genugthuung den Menschen z u z u w e n d e n, also die Menschen
t h a t s ä c h l i c h g l ä u b i g u n d s e l i g z u m a c h e n, auf die Aus=
erwählten einschränken. Diese Spielerei mit der „allgemeinen Ge=
nugthuung" treiben auch die sogenannten „hypothetischen Calvinisten".
Vgl. die näheren Ausführungen bei Quenstedt, Antithesis No. 6,
S. 123 f. Die Schrift bezeugt klar, daß Gott auch in den Verloren=
gehenden zur Hervorbringung des s e l i g m a c h e n d e n G l a u b e n s
ernstlich wirke, Apost. 7, 51. Matth. 23, 37. Die Sache steht so:
Alle Beschränkungen der intensiven und extensiven Vollkommenheit
der durch Christum gestifteten Versöhnung haben ihren Grund nicht
in der S c h r i f t, sondern in r a t i o n a l i s t i s c h e r Speculation.
Alle semipelagianisch=synergistische Argumentation gegen die *sola* gratia
löst sich schließlich in das Argument auf: „Wenn die Menschen allein
aus Gottes Gnade in Christo bekehrt und selig würden, so würden auch
alle Menschen thatsächlich bekehrt und selig werden. Nun geschieht
Letzteres nicht. Ergo" 2c. Und aller calvinistischen Argumentation
gegen die *universalis* gratia liegt schließlich der Satz zu Grunde:
„Wenn Gott wirklich alle Menschen auf Grund seiner Gnade in Christo

bekehren und selig machen wollte, so würden auch alle Menschen
thatsächlich selig werden. Nun geschieht Letzteres nicht. Ergo" ꝛc.
Das ist aber kein Schriftbeweis, sondern rationalistische Klugthuerei.

Bei der Erörterung der Hinlänglichkeit der von Christo geleisteten
Genugthuung hat man auch die Frage besprochen, ob ein Tröpf=
lein des Blutes Christi ein hinreichendes Lösegeld für die Sün=
den der Welt gewesen wäre. Die Papisten haben diese Frage bejaht,
um mit dem „überschüssigen" Verdienst Christi Handel zu treiben.
Vgl. Quenstedt, S. 121. Lutheraner haben diese Frage insofern be=
jaht, als das Blut Christi das Blut des Sohnes Gottes ist und
somit auch in jedem kleinsten Theil unendlichen Werth habe. Nicht
die Quantität, sondern die Qualität des von Christo vergossenen Blutes
gebe diesem den unendlichen Erlösungswerth. Die näher auf die Sache
eingegangen sind, und sie auf den dogmatischen Ausdruck zurückzufüh=
ren suchten, fügen hinzu, daß man einem Tropfen des Blutes Christi
die Erlösung zuschreiben könne, nicht an sich (absolute), sondern nur
beziehungsweise (respective) betrachtet, nämlich als Theil des
Todesleidens Christi und insofern jeder Tropfen des Blutes die Kraft
des ganzen Todesleidens in sich schließt und repräsentirt. Vgl. außer
Luther B. Meisner, S. 121. 122, Joh. Heermanns Lied „Wo soll ich
fliehen hin", St. Louiser Gesangbuch, No. 230, V. 9.: „Dein Blut, der
edle Saft" ꝛc.; ferner Quenstedt, Systema II, 467—470, wo auch ein
reiches dogmengeschichtliches Material zusammengetragen ist, das zum
Theil von Philippi IV, 2, S. 95—98 wiedergegeben wird. Quenstedt
erinnert bei dieser Verhandlung passend an den Grundsatz: „Solus
Deus optime novit, quantum ad plenam perfectamque pro peccatis
nostris satisfactionem requiratur et cur Filium suum unigenitum *tot*
plagas, *nec plures nec pauciores* pati, nec minus sanguinis ac fuit
effusum, effundi voluerit. ... Quantum justitia Dei acceptare debuerit,
non ex nostra phantasia, sed ex Dei verbo depromendum est"
(l. c. p. 469). Kurz, wir halten das ganze Thun und Leiden Christi,
wie es in der Schrift beschrieben ist, für das Lösegeld, wodurch der
göttlichen Gerechtigkeit genuggethan ist. Wenn wir einem Theil des
Erlösungswerkes die Erlösung zuschreiben, so ist das nicht exclusive,
sondern inclusive der übrigen Theile zu verstehen.

Zur Ausrichtung des hohenpriesterlichen Amtes Christi im Stande der Erniedrigung gehört nach alttestamentlichem Vorbild (2 Mos. 30, 7. 8. 3 Mos. 16, 12. 13.[1] 2c.) auch die Darbringung der Für= bitte für die Menschen. Jes. 53, 12. ist in der Beschreibung des Werkes Christi neben der satisfactio auch die intercessio genannt: „Er hat Vieler Sünde getragen und für die Uebelthäter gebeten." Christus intercedirt aber a. für alle Menschen, auch für die Gottlosen, wie er auch dieser Sünden getragen hat. Beispiel: Luc. 23, 34. (intercessio generalis), b. insbesondere, als Haupt der Kirche, für die Gläubigen. Beispiel: Joh. 17 (intercessio specialis). Zweck der Fürbitte ist die Zuwendung der Vergebung der Sünden und die Erhaltung in der= selben, wie aus den angeführten Beispielen hervorgeht. Der schein= bare Widerspruch zwischen Luc. 23, 34. und Joh. 17, 9. ist ausgeglichen 1 Tim. 4, 10. Vgl. Baier § 11, S. 123.

Daß bei der Ausrichtung des hohenpriesterlichen Amtes Christi in den Tagen des Fleisches beide Naturen zusammenwirken, ist bei der Lehre von der Mittheilung der Eigenschaften, insonderheit beim drit= ten Genus, dargelegt worden. Vgl. Baier § 12, S. 123 f.; Gerhard, Calov, Quenstedt, S. 124—126.

Das hohepriesterliche Amt im Stande der Erhöhung.

Das Priesteramt Christi hat mit dem Stande der Erniedrigung nicht aufgehört. Die Schrift schreibt Christo auch im Stande der Er= höhung das Priesteramt ausdrücklich zu. Nach Hebr. 7, 24. hat Chri= stus „ein unvergänglich Priesterthum (ἀπαράβατον ἔχει τὴν ἱερω-σύνην)". Und daraus wird gefolgert, V. 25.: „Daher er auch selig machen kann immerdar (εἰς τὸ παντελές), die durch ihn zu Gott kommen."

Worin besteht aber die hohepriesterliche Thätigkeit Christi im Stande der Erhöhung? Nicht in der Wiederholung des sühnenden Opfers, was die Schrift ausdrücklich ablehnt, Röm. 6, 9. 10. Hebr. 9, 12. 15.; 7, 27. (Intercessio Christi in statu exaltationis non est

---

1) Philippi IV, 2, S. 340: „Das Räuchern ist in der Schrift durchgehends Symbol des Gebetes." Ps. 141, 2. Offenb. 5, 8.

satisfactoria), sondern in seinem Eintreten für die Erlösten, um sie des ein für alle Mal (ἐφάπαξ) erworbenen Heils theilhaftig zu machen (Intercessio Christi in statu exaltationis est *applicatoria*). Dies lehrt die Schrift deutlich Hebr. 7, 24. 25. (ἐντυγχάνειν ὑπὲρ αὐτῶν scil. für die, welche durch ihn zu Gott kommen.) 1 Joh. 2, 1. (παράκλητον ἔχομεν πρὸς τὸν πατέρα, Ἰησοῦν Χριστόν.) Röm. 8, 34. (ἐντυγχάνει ὑπὲρ ἡμῶν.) Die Fürbitte hat es also mit der Samm=lung und Erhaltung der Kirche zu thun. Baier will unbestimmt lassen, ob das Eintreten Christi für die Erlösten in Worten und Bitten — natürlich himmlischen Worten und Bitten — zum Ausdruck komme (intercessio *verbalis*), oder ob das Eintreten nur darin bestehe, daß Christus durch sein im Stande der Erniedrigung erworbenes Ver=dienst Gott immerfort bewege, uns gnädig zu sein (intercessio *realis*). Vgl. Baier § 13, nota d, S. 126. 127. Aber es ist, wie überall, so auch hier nicht gerathen, von dem Wortlaut der Schrift abzugehen. Nach dem Wortlaut der Schrift aber redet Christus selbst, nicht bloß sein Verdienst, Hebr. 7, 25.: „er lebet immerdar und bittet für sie", πάντοτε ζῶν εἰς τὸ ἐντυγχάνειν ὑπὲρ αὐτῶν; Röm. 8. 34. (wörtlich übersetzt): „welcher auch zur Rechten Gottes ist, welcher auch für uns eintritt";[1] 1 Joh. 2, 1.: „wir haben einen Für=sprecher (παράκλητον) bei dem Vater, JEsum Christ". Daß diese intercessio nicht sei „ein Auflehen auf den Knieen" ꝛc., versteht sich von selbst, da es die intercessio dessen ist, „welcher ist zur Rechten Gottes", Röm. 8, 34. Aber man geht unter die Schrift herab, wenn man nicht Christum selbst, sondern nur das Verdienst Christi reden läßt. Das Richtige gegen die verschiedenen Formen der Abschwächung der Schrift=lehre hat Quenstedt, S. 127. 128. Was die Socinianer und ihre Gesinnungsgenossen betrifft, so leugnen sie ja Christi hohepriesterliches Amt im Stande der Erniedrigung (die Darbringung eines Sühn=opfers durch stellvertretende Genugthuung) gänzlich. Vgl. Quenstedt, Antithesis S. 110. Sie verlegen Christi hohepriesterliches Amt in den Stand der Erhöhung; verstehen darunter aber nur die Hülfe=

---

1) Das zweimalige ὃς καί unterscheidet die Fürbitte nachdrücklich von dem Sitzen zur Rechten Gottes und stellt es als einen gesonderten Act dar.

leiſtung, die Chriſtus den Menſchen im Werke ihrer Selbſtſelig=
machung dadurch angedeihen läßt, daß er ſie durch ſein Wort und
Beiſpiel von Sünden abhält und zu einem frommen Leben reizt.[1] —
Die Papiſten verfälſchen die Lehre vom hohepriesterlichen Amt
Chriſti im Stande der Erhöhung a. durch die ſogenannte „unblutige"
Wiederholung des Opfers Chriſti im Meßopfer, wodurch ſie das
ἐφάπαξ der Schrift (Hebr. 7, 27. 9, 12. Röm. 6, 10. Hebr. 10, 14.)
leugnen, vgl. A. Oſiander, S. 109 f., b. dadurch, daß ſie Maria und
die Heiligen mit ihren Verdienſten[2] für die Menſchen eintreten
laſſen und ſomit Chriſto als Fürbitter an die Seite ſetzen.

Ueber die Frage, ob Chriſtus auch noch nach dem jüngſten
Tage für die Seinen bitte, vgl. Feuerborn und Calov, S. 127.
Feuerborn antwortet auf die Frage mit Nein, Calov mit Ja. Calovs
Meinung theilt auch Quenſtedt. Aber die Schriftſtellen, welche von
der Fürbitte Chriſti handeln, ſetzen die vor dem jüngſten Tage gelten=
den Verhältniſſe, nämlich die Sammlung und Erhaltung der
Kirche, voraus. Somit fehlt der Schriftbeweis für die Anſicht Ca=
lovs und Quenſtedts. Wenn man ſich auf Hebr. 7, 25. berief, wo es
von Chriſto heißt „und lebet immerdar und bittet für ſie", ſo bemerkt
dagegen Gottfried Hoffmann (Synopsis Theologiae p. 540): „Dies
(die Fürbitte) ſcheint jedoch gerade an dieſer Stelle durch die
unmittelbar vorhergehenden Worte auf das zu Gott Kommen
beſchränkt zu werden, ſo lange nämlich dieſes währt durch Buße und
Glaube." Man wird Hoffmann beiſtimmen müſſen.

---

1) Catechesis Racoviensis, Frage 476—479. Frage 479 lautet: *Qui* (auf
welche Weiſe) explationem peccatorum nostrorum Jesus in coelis peragit? und
die Antwort: Primum a peccatorum poenis nos liberat, dum virtute et potestate, quam a patre plenam et absolutam consecutus est, perpetuo nos tuetur
et iram Dei interventu suo *quodammodo* a nobis arcet, quod Scriptura ex-
primit, dum ait, eum pro nobis interpellare. Deinde ab ipsorum peccatorum
servitute nos liberat, dum eadem potestate ab omni flagitiorum genere nos
retrahit et avocat: *id vero in sua ipsius persona nobis ostendendo, quid conse-*
quatur is, qui a peccato desistit: vel etiam alia ratione nos hortando et mo-
nendo, nobis opem ferendo, ac interdum puniendo, a peccati jugo exsolvit.

2) Bellarmin bei Quenſtedt II, 1444: Sancti ex meritis praecedentibus
impetrare possunt et sibi et aliis id, quod orando petunt.

Das königliche Amt Christi.

Die Schrift offenbart die wunderbare Thatsache, daß Christo, dem Erlöser der Menschen, auch die Herrschaft über die Menschen und die ganze Schöpfung übergeben sei. Matth. 28, 18.: „Mir ist gegeben alle Gewalt im Himmel und auf Erden"; der Vater „hat alle Dinge unter seine Füße gethan", Eph. 1, 22. 1 Cor. 15, 27. Pf. 8, 7. Dan. 7, 13. 14. 2c. Darin, daß Christus, der Gottmensch, Alles im Himmel und auf Erden regiert, besteht sein königliches Amt (officium Christi regium).

Auf die Frage, seit wann Christus König sei, ist nach der Schrift kurz so zu antworten: Nach der göttlichen Natur ist Christus mit dem Vater und dem Heiligen Geist der Herrscher über alle Dinge, so lange es Geschöpfe gibt, Joh. 1, 1—3. Col. 1, 15—17. Nach seiner menschlichen Natur ist Christus König seit seiner Menschwerdung, durch die persönliche Vereinigung der menschlichen Natur mit der göttlichen. Mit andern Worten: auch nach der menschlichen Natur ist Christus ein geborener König. Jef. 9, 6. Matth. 2, 2. Luc. 1, 33. Micha 5, 1. Joh. 18, 37. Auch fehlt es im Stande der Erniedrigung nicht an Beispielen der Ausübung der königlichen Gewalt (Wunder, Sündenvergebung, Stiftung des Predigtamts und der Sacramente 2c.). In die volle Ausübung der königlichen Herrschaft nach der menschlichen Natur ist Christus erst mit der Erhöhung eingetreten, Eph. 1, 20—22. 4, 10. Pf. 8, 6—10. 2c. Vgl. Baier, § 18, S. 133. Calov, S. 128.[1]) Das Nähere ist bei der Lehre von den Stäuben Christi, insonderheit unter dem Abschnitt „Sitzen zur Rechten Gottes" dargelegt worden. Denn ,,Sedere ad dextram Dei dicitur, qui totum terrarum orbem, inprimis ecclesiam, potenter et

---

1) Quenstebt brückt dies so aus: „Durationis *terminus a quo* spectatur vel secundum divinitatem vel secundum humanitatem. Secundum divinitatem terminus a quo est *existentia objectorum regibilium*, juxta humanitatem vero ratione *possessionis* potestatis et majestatis regiae divinae nec non juris ad universale dominium *primum conceptionis momentum* . . . aut ratione *universalis et incessantis imperii* ac plenarii majestatis regiae usus sessio ad dextram Dei Patris." (Systema II, 378.)

provide gubernat omnibusque hostibus suis dominatur, Ps. 110, 1. 2. Act. 2, 34. 35.‘‘ (Baier, nach der Concordienformel, III, 97 ff.)

Diese Allherrschaft Christi wird nach der verschiedenen Beschaffenheit der Unterthanen[1] und der damit gegebenen verschiedenen Weise des Regierens[2] in das Reich der Macht, der Gnade und der Herrlichkeit eingetheilt. Die ungläubigen Menschen, welche sein Evangelium nicht angenommen haben, sowie die vernunftlosen Creaturen, für welche das Evangelium nicht da ist, regiert Christus mit seiner Macht (regnum potentiae); die gläubigen Menschen, welche das Evangelium angenommen haben und seine Kirche auf Erden bilden, regiert er durch sein geoffenbartes Wort in Gnaden (regnum gratiae); die in diesem Leben Unterthanen in seinem Gnadenreich waren, erfüllt er in jenem Leben mit seiner aufgedeckten Herrlichkeit (regnum gloriae). In diesem Sinne unterscheidet man schriftgemäß ein Machtreich Christi, in welches das ganze Universum, alle Geschöpfe als solche, gehören (vgl. die Beschreibung dieses Reiches bei Baier, § 15, S. 128 f.); ein Gnadenreich, in dem sich nur die Christen befinden[3] und das wir gewöhnlich Kirche nennen (Baier, § 16, S. 129 f.), und ein Reich der Herrlichkeit, das die ewige Fortsetzung des Gnadenreichs ist (Baier, § 17, S. 132 f.). Zu diesem Reich gehören auch die heiligen Engel, Hebr. 12, 22. 23.[4] Es sei hier daran erinnert, daß man sich in der öffentlichen Predigt nicht auf eine bloße Nennung der drei Reiche und eine skizzenhafte Beschreibung

---

1) Pro diversa ratione (Beschaffenheit) eorum, quos rex Christus sibi subjectos respicit.

2) Pro diverso regnandi modo.

3) Es liegt keine sachliche Differenz vor, wenn die einen unter den alten lutherischen Lehrern nur die Gläubigen als Object des Gnadenreichs nennen, andere dagegen in einer gewissen Beziehung alle Menschen zum Object des Gnadenreichs machen. So z. B. Quenstedt, Systema II, 884. Quenstedt vermischt dadurch nicht Naturreich und Gnadenreich nach der Weise alter und neuer Irrlehrer, die Christi Gnadenreich auch auf ehrbare Heiden sich erstrecken lassen, sondern Quenstedt will dadurch zum Ausdruck bringen, daß Gnade und Gnadenmittel für alle Menschen da sind.

4) Die Herrschaft Christi über die Verdammten kann man unter das regnum potentiae oder das regnum gloriae bringen, vgl. Baier, § 17, nota c, S. 133.

derſelben zu beſchränken, ſondern bei der Behandlung dieſes Gegen=
ſtandes — wie einer unſerer Väter zu ſagen pflegte — „alle Regiſter
zu ziehen" habe. Natürlich müſſen es nicht e i g e n e Regiſter ſein,
ſondern die Regiſter der H e i l i g e n S c h r i f t, die hier ja in ihren
Schilderungen ſo ausführlich iſt. Inſonderheit beſchreibe man den
Himmel auf Grund der Heiligen Schrift alſo, „daß in den Chriſten
die Luſt erweckt wird, in den Himmel hineinzukommen".

Sowohl die E i n h e i t als die V e r ſ c h i e d e n h e i t dieſer Reiche
iſt auf Grund der Schrift feſtzuhalten. Dieſe Reiche ſind e i n Reich,
inſofern Chriſtus der e i n i g e u n d a l l e i n i g e H E r r in allen iſt
und ſie v o l l k o m m e n e i n h e i t l i c h regiert, das heißt, n a c h ſ e i n e m
W i l l e n u n d m i t ſ e i n e r g ö t t l i c h e n M a c h t u n d M a j e ſ t ä t
durchwaltet. Auf dieſe Einheit weiſen hin die Schriftſtellen Eph. 1,
21—23. Phil. 2, 9—11. ꝛc., und dieſelbe ſich gegenwärtig zu halten,
iſt von großer practiſcher Wichtigkeit. Es iſt nämlich eine ü b e r a u s
t r ö ſ t l i c h e Thatſache, daß Chriſto Sonne, Mond und Sterne, Luft,
Feuer und Waſſer, die Teufel und alle Feinde nicht minder unter=
worfen ſind, als ſeine Kirche und die heiligen Engel. Und was das
e i n h e i t l i c h e Regiment anlangt, ſo offenbart die Schrift klar und
deutlich, daß Chriſtus das Univerſum im Intereſſe des Gnadenreichs
oder der Kirche regiert.[1]) Noch anders ausgedrückt: der Sammlung und
Erhaltung der K i r c h e muß alles im Himmel und auf Erden dienen.
Die Reiche dieſer Welt ſind „ein Gerüſt zum Bau der Kirche". Matth.
28, 18. 19.: „Mir iſt gegeben alle Gewalt im Himmel und auf Erden.
D a r u m gehet hin (πορευϑέντες οὖν) und lehret alle Völker" ꝛc.;
Luc. 2, 1—14. Röm. 8, 28. 1 Cor. 15, 24. 25.[2]) Richtig erinnert
Baier, § 14, nota b, S. 128, auch daran, daß man die Reiche nicht alſo
ſ c h e i d e n dürfe, als ob z. B. der Gebrauch der g ö t t l i c h e n A l l =
m a c h t von dem Reich der G n a d e und der H e r r l i c h k e i t ausge=
ſchloſſen ſei. Beiderlei Reiche ſetzen vielmehr den allmächtigen König,
der nach ſeiner göttlichen Natur weſentlich und nach ſeiner menſchlichen

---

1) Q u e n ſ t e d t: Regnum potentiae ad regnum gratiae est ordinatum.
(Systema II, 383.)

2) Dazu Luther, St. Louiſer Ausg., VIII, 1166.

Natur mitgetheilter Weise allmächtig ist, voraus. Sehr klar lehrt die Schrift, daß die Sammlung und Erhaltung der Kirche, wie ein Werk der göttlichen Gnade, so auch der göttlichen Allmacht sei. Die gött=liche Allmacht tritt in Bezug auf die Kirche in Thätigkeit a. zur Hervor=bringung und Erhaltung des Glaubens in den einzelnen Gliedern der Kirche. Eph. 1, 19.: „Wir glauben nach der Wirkung seiner mäch=tigen Stärke"; 1 Petr. 1, 5.: Wir werden „aus Gottes Macht durch den Glauben bewahret zur Seligkeit"; 2 Cor. 4, 6. Luc. 11, 21. 22.; b. zum Schutz der Kirche nach Außen. Matth. 16, 18.: „Die Pforten der Hölle sollen sie nicht überwältigen"; Pf. 2 2c.

Aber es ist auch die Verschiedenheit der Reiche auf Grund der Reiche festzuhalten. So scheidet Christus sehr nachdrücklich sein Gna=denreich von den Reichen dieser Welt, wenn er Joh. 18, 36. sagt: „Mein Reich ist nicht von dieser Welt. Wäre mein Reich von dieser Welt, meine Diener würden drob kämpfen, daß ich den Juden nicht überant=wortet würde; nun aber ist mein Reich nicht von dannen (ἐντεῦθεν = ἐκ τοῦ κόσμου τούτου)." „Die Kirche ist in der Welt, aber nicht von der Welt", das heißt: obwohl die Kirche in den Reichen dieser Welt ihre äußere Herberge hat (Joh. 17, 11. 16. 1 Tim. 2, 2. 2c.), so hat sie doch nicht die Beschaffenheit der Reiche dieser Welt[1]) und wird nicht nach der Weise dieser Reiche gebaut und regiert. Die Reiche dieser Welt erhält Christus durch die Ordnung der weltlichen Obrigkeit und alles, was in dieses Gebiet gehört (äußere Rechtschaffen=heit, äußere Gewalt 2c., Röm. 13, 1—7.); seine Kirche aber sam=melt, erhält und regiert er durch sein Wort und die Sacra=mente. Allein durch diese Mittel, in welchen der Heilige Geist wirk=sam ist (Gnadenmittel), wirkt und erhält er in den Menschen den Glauben. (Baier, § 16, S. 129.) Dazu gibt er seine Gaben in der Kirche und hat er insonderheit auch das Predigtamt ein=gesetzt. (Baier, § 16, nota d, S. 132.)[2]) Alle, welche andere Kirch=

----

1) Phrasis „ex mundo" notat id, quod est *mundanae indolis*. (A. Osiander, bei Baier, S. 129.)

2) Ueber die Frage, ob die Einsetzung (und die Verwaltung) des Predigtamtes zum prophetischen oder königlichen Amt zu rechnen sei, sollte man sich nicht ereifern, wie schon oben S. 12 f. bemerkt ist. Vgl. Kromayer, S. 132. Das

baumittel, als Wort und Sacrament anwenden wollen, handeln wider Christi Befehl und sind ausnehmende Thoren, da sie mit den selbst= erwählten Mitteln die Kirche doch nicht bauen, sondern nur zerstören. Vgl. Hollaz und A. Osiander, S. 129 f. — Aber nicht nur Welt= reich und Gnadenreich sind nach der Schrift zu scheiden. Auch das Gnadenreich, das in einer Reihe von Schriftstellen mit dem Reich der Herrlichkeit zu einer Einheit verbunden ist, Joh. 5, 24. 3, 36. Col. 3, 3. Gal. 4, 26. Matth. 4, 17. ꝛc., wird in einer andern Reihe von Schriftstellen vom Reich der Herrlichkeit scharf geschieden. So z. B. 1 Joh. 3, 2. Röm. 8, 24. 25. Der gewaltige Unterschied zwischen den beiden Reichen besteht a. in der Weise des Erkennens der göttlichen Dinge. Im Gnadenreich wird alles Erkennen durch das Wort und den Glauben vermittelt (cognitio abstractiva), während im Reiche der Herrlichkeit das Schauen Platz greift (cog- nitio intuitiva). 1 Cor. 13, 12.: „Wir sehen jetzt durch einen Spiegel in einem dunkeln Wort (ἐν αἰνίγματι), dann aber von Angesicht zu An= gesicht (πρόςωπον πρὸς πρόςωπον)." Vgl. V. 9. 10. Und es ist von großer practischer Wichtigkeit, diesen Unterschied streng festzuhalten. Die Versuche, schon in diesem Leben über das Wort und den Glauben hinauszukommen und im Schauen zu wandeln, sind eine ergiebige Quelle der Irrlehre, so z. B. des Calvinismus einerseits und des Synergismus andererseits, sowie der ganzen modernen Con= structionstheologie. Der gewaltige Unterschied zwischen dem Reich der Gnade und der Herrlichkeit besteht b. in dem verschiedenen äußeren Zustand der Glieder dieser Reiche. Im Gnaden= reich ist nur Niedrigkeit, Kreuz und Trübsal zu erwarten; erst im Reich

---

Predigtamt gehört zu beiden Aemtern, weil Christus durch dasselbe in der Kirche lehrt und eo ipso regiert. Viel wichtiger ist, festzuhalten, daß Christus der einzige Lehrer und Regent in seiner Kirche ist, weil die Prediger lediglich als causa ministerialis in Betracht kommen, das heißt, kein eigenes, sondern nur Christi Wort zu verkündigen haben. 1 Petr. 4, 11.: εἴ τις λαλεῖ, ὡς λόγια θεοῦ. Matth. 28, 20. Weder lehren noch regieren sollen die Prediger die Kirche aus ihrem eigenen Kopfe. Luther ermahnt daher alle Prediger zum fleißigen Studium der Schrift, insonderheit der Pastoralbriefe „auf daß nicht noth sei, aus eigenem Men= schenbündel die Christen zu regieren". (E. A. 63, 148.)

der Herrlichkeit wird die Niedrigkeit in Herrlichkeit verwandelt, Apost. 14, 22. Matth. 5, 10—12. Röm. 8, 18. Phil. 3, 20. 21. Matth. 16, 24—27. 2c. Wer in dieser Beziehung das Reich der Herrlichkeit und der Gnade vermischt, verkehrt die Hoffnung der Christen und geräth auf chiliastische Träume.

Die Existenz des dreifachen Reiches Christi ist ein Glaubens= artikel und daher auf Grund der Heiligen Schrift immerfort aufs fleißigste einzuschärfen. Was das Machtreich betrifft, so sind zwar seine Objecte sichtbar, wenigstens zum Theil, aber wir sehen Christi Herrschaft über dieselben nicht. Hebr. 2, 8.: „Jetzt aber sehen wir noch nicht, daß ihm alles unterthan sei.“ Christi Allherr= schaft ist dem natürlichen Auge verborgen. Es hat vielmehr oft das Ansehen, „als ob nicht Christus, sondern der Teufel im Regiment sitze“. Aber gerade darum schärft die Schrift so gewaltig und mit Schilde= rungen, die ins Einzelne gehen (Engel und Teufel, die Feinde Christi, die vernunftlose Creatur 2c.), das regnum potentiae Christi ein, damit wir es zu unserm Trost glauben. Vgl. Baier, § 15, S. 128. 129. — Was das Gnadenreich betrifft, so sind zwar die Mittel hör= bar und sichtbar, durch welche Christus sich dieses Reich sammelt und erhält, nämlich die Gnadenmittel. Aber das Reich selbst ist unsichtbar; es ist inwendig in den Herzen der Menschen, die durch Wirkung des Heiligen Geistes an Christum glauben, Luc. 17, 20. 21. 2 Tim. 2, 19. 1 Petr. 2, 5. Aber die Schrift bezeugt es, daß auf Erden allezeit eine christliche Kirche sein und bleiben werde, Matth. 16, 18. Matth. 28, 18—20. Jes. 55, 10. 11. 2c., und auf Grund der Schrift= zeugnisse glauben wir die Existenz der Kirche. — Was das Reich der Herrlichkeit betrifft, so gilt das Wort: „es ist noch nicht er= schienen, was wir sein werden“, 1 Joh. 3, 2. Das Reich der Herr= lichkeit bildet den Gegenstand der Hoffnung der Christen, dessen sie in Geduld zu warten haben, Röm. 5, 2.; 8, 24. 25. Nach der Schrift gehört es zur rechten Gestalt eines Christenlebens hier auf der Erde, daß der Blick der Christen beständig auf das Reich der Herrlichkeit gerichtet sei, 1 Cor. 1, 7. Phil. 3, 20. 21. Daher hat ein Diener der Kirche, wie bereits oben erinnert wurde, das Reich der Herrlichkeit nicht bloß am Schluß der öffentlichen Predigten

im Vorbeigehen zu erwähnen, sondern auf Grund der vielen Schrift=
stellen, die vom ewigen Leben handeln, ausführlich zu behandeln und
vor Augen zu stellen, damit der Christen tägliches Leben ein Leben
in der Christenhoffnung sei, zum Trost in der Trübsal und zur Er=
weckung und Erhaltung des h i m m l i s c h e n S i n n e s. Röm. 5,
2—11.; 8, 17—39. 2c.

Auf die mannigfaltigen I r r l e h r e n, durch welche das könig=
liche Amt Christi verkehrt wird, ist Antithesis S. 133 hingewiesen.
An Christi königlichem Amt vergreifen sich I. a l l e n e s t o r i a n i s i r e n =
d e n I r r l e h r e r. Diese halbiren Christum als König, indem sie
seine m e n s c h l i c h e N a t u r von der allgegenwärtigen Herrschaft im
Machtreich und Gnadenreich ausschließen. So die Papisten, die Refor=
mirten und die reformirten Secten. Dies ist ausführlich dargelegt
bei der Lehre von der Mittheilung der Eigenschaften. II. D i e
m o d e r n e n K e n o t i k e r. Diese schließen Christum n a c h d e r g ö t t =
l i c h e n N a t u r dadurch vom königlichen Amt aus, daß sie ihn im
Stande der Erniedrigung auch nach der göttlichen Natur ohne All=
macht, Allgegenwart und Allwissenheit sein und somit auch während
dieser Zeit vom Weltregiment zurücktreten lassen. Der Sohn Gottes
soll, wie die modern=theologische Phrase lautet, nach der göttlichen
Natur auf die „göttliche Seins= und Wirkungsweise" verzichtet haben,
wiewohl der Sohn Gottes deutlich das Gegentheil bezeugt, Joh. 5, 17.
Joh. 10, 30. Joh. 14, 10. Dies ist ausführlich dargelegt bei der
Lehre von den Ständen Christi. III. D i e S u b o r d i n a t i a n e r.
Diese lassen Christum nach der g ö t t l i c h e n N a t u r dem Vater unter=
geordnet („Gott im zweiten Sinne des Worts") sein. Damit hängt
es denn auch zusammen, daß sie dem Sohne Gottes im Reiche der
Herrlichkeit die Herrschaft nehmen. Vgl. K a h n i s und H o f m a n n,
S. 133. Zur Sache ist hier festzuhalten: Die Schrift schreibt Christo
einerseits ein e w i g e s Herrschen zu, Luc. 1, 33. Hebr. 1, 9. Anderer=
seits redet sie von einer U e b e r a n t w o r t u n g des Reiches an den
Vater am jüngsten Tage, 1 Cor. 15, 24. Diese Ueberantwortung des
Reiches ist der Sache nach die Verwandlung des zeitlichen Reiches, in
dem Christus verborgener Weise durchs Wort und äußere Mittel
regiert hat, in das ewige Reich, welches von der a u f g e d e c k t e n, den

drei Perfonen gemeinfamen göttlichen Herrlichkeit durchftrahlt wird.
Daher heißt es 1 Cor. 15, 28. nach der Ueberantwortung des Reiches
auch nicht: „auf daß der Vater (ὁ πατήρ) fei alles in allen", fon=
bern: „auf daß Gott (ὁ θεός) fei alles in allen". Vgl. hierüber die
ausführliche Darlegung Luthers, S. 130 f.; ferner Quenftedt und
Dorfcheus, S. 131. 132. IV. Alle biejenigen, welche in irgenb
einer Form Menschenherrschaft in der Kirche aufrichten
wollen. Die Kirche ift eine strenge Monarchie (Matth. 23, 8.:
„Einer ift euer Meifter, Chriftus; ihr aber feib alle Brüder"), in
welcher Chriftus allein burch fein Wort regieren will. Das
von Chrifto geftiftete Predigtamt hat lediglich bie Gewalt des
Wortes Gottes, das heißt, es kann nur gebieten, was in Gottes
Wort geboten ift. Die Dinge, welche in Gottes Wort nicht geboten
find (bie Mittelbinge), ordnen die Chriften felbft burch gegen=
feitiges Uebereinkommen. Den entfetzlichften Eingriff in Chrifti
königliches Amt haben wir im Pabftthum (Antichrift κατ᾽ ἐξοχήν,
2 Theff. 2, 4.). Aber gegen Chrifti Alleinherrschaft in der Kirche feten
fich auch a. insgemein alle falfchen Lehrer, infofern fie eigenes
Wort in der Kirche zur Geltung zu bringen fuchen (baher ἀντίχριστοι
genannt, 1 Joh. 2, 18.); b. alle proteftantifchen Kirchengemeinschaften
mit romanifirenben Tenbenzen, infofern fie de jure ober de
facto bie Gewiffen der Chriften einem Kirchenregiment über
Gottes Wort hinaus unterwerfen wollen. So nicht nur reformirte
Secten, fondern auch alle romanifirenden Lutheraner, wie die Buffa=
loer, Breslauer ꝛc., unb die Staatskirchler.[1] V. Alle biejenigen,
welche Weltreich unb Gnabenreich, resp. Kirche unb Staat
vermifchen. Hierher gehören, a. bie aus der Kirche ein weltliches
Reich machen, inbem fie die Kirche anftatt burch Gottes Wort mit
allerlei irbifchen, den Reichen biefer Welt angehörigen Mitteln (äußere
Gewalt, natürliche Moral, Kultur ꝛc.), bauen wollen unb eo ipso der
Kirche ihren eigenthümlichen Character nehmen; b. bie aus bem Staat
ein geiftliches Reich zu machen trachten, inbem fie ben Staat, anftatt

1) Vgl. bie ausführliche Darlegung in bem Vortrag „Kirche unb Kirchenregi=
ment", Delegaten=Synobe 1896. Bericht S. 83 ff.

aus der Vernunft, mit Gottes Wort, nach „chriſtlichen Grundſätzen" ꝛc.
regieren wollen; c. die alten und neuen Irrlehrer, welche von einer
Gnadenwirkung des Heiligen Geiſtes außerhalb der Gnadenmittel
träumen, die Heiden ohne Evangelium ſelig werden laſſen ꝛc. und da=
durch Natur und Gnade, Machtreich und Gnadenreich vermiſchen.
So von Neueren, z. B. Hofmann, bei Baier II, 302; III, 230.
VI. Die Chiliaſten. Das tauſendjährige Reich der Chiliaſten ge=
hört weder in das Gnadenreich, noch in das Ehrenreich, ſondern iſt
eine Caricatur von beiden; es gehört in das Reich der Phantaſie. Es
verkehrt die Hoffnung der Chriſten, indem es dieſelbe anſtatt auf die
ewige Herrlichkeit im Himmel (1 Cor. 1, 7. Phil. 3, 20. 21. Joh.
17, 24. ꝛc.), auf eine erträumte Herrlichkeit hier auf Erden richtet.

Schlußbemerkung.

Die ganze Lehre von Chriſti Werk läßt ſich kurz ſo zuſammen=
faſſen: Chriſtus in ſeinem prophetiſchen Amt iſt der einzige Lehrer der
Menſchen zur Seligkeit. Alle Lehre, die in der Kirche und von der
Kirche verkündigt wird und doch nicht Chriſti Wort iſt, iſt
Pſeudo=Prophetenthum. Chriſtus in ſeinem hohenprieſterlichen Amt
iſt der einzige Verſöhner der Menſchen, der durch ſeine ſtellvertretende
Genugthuung alle Menſchen vollkommen mit Gott verſöhnt hat. Alle
Verſöhnung, die die Menſchen noch mit eigenem Werk zu
Stande bringen wollen, iſt Pſeudo=Verſöhnung. Chriſtus in
ſeinem königlichen Amt iſt wie der HErr der ganzen Welt, ſo inſon=
derheit das einige Haupt ſeiner Kirche, die er als Alleinherrſcher durch
ſein Wort regiert. Alle Regierung der Kirche, die nicht mit Chriſti
Wort geſchieht, ſondern die Gewiſſen der Chriſten auch
an Menſchenwort bindet, iſt Pſeudo=Regierung.